Magnet neu B1

Deutsch für junge Lernende

Lehrerheft

Giorgio Motta

Ernst Klett Sprachen
Stuttgart

Abkürzungen

L   Lehrerin / Lehrer
S   Schülerin / Schüler
AB Arbeitsbuch

1. Auflage   1 ⁴ ³ ² | 2024 23 22

Alle Drucke dieser Auflage sind unverändert und können im Unterricht nebeneinander verwendet werden. Die letzte Zahl bezeichnet das Jahr des Druckes. Das Werk und seine Teile sind urheberrechtlich geschützt. Jede Nutzung in anderen als den gesetzlich zugelassenen Fällen bedarf der vorherigen schriftlichen Einwilligung des Verlags.

Giorgio Motta
Magnet
Grundkurs für junge Lerner
italienische Ausgabe
© Loescher Editore S.r.l., Torino, Italy, 2010.
All rights reserved.

Giorgio Motta
Magnet neu
Deutsch für junge Lernende
internationale Ausgabe
© Ernst Klett Sprachen GmbH, Stuttgart 2016.
Alle Rechte vorbehalten.
Internetadresse: www.klett-sprachen.de

Redaktion Nicole Funke, Elena Rivetti, Victoria Simons
Layoutkonzeption Alexandra Veigel
Herstellung Alexandra Veigel
Gestaltung und Satz Wiebke Hengst, Ostfildern
Umschlaggestaltung Anna Wanner
Druck und Bindung Elanders GmbH, Waiblingen

ISBN 978-3-12-676093-5

Inhalt

Einführung		4
Lektion 21	Medien & Kommunikation	7
	Lösungen Arbeitsbuch	11
Lektion 22	Interkulturelle Erfahrungen	13
	Lösungen Arbeitsbuch	17
	Lösungen Zwischenstation 11	19
Lektion 23	Damals in Österreich	20
	Lösungen Arbeitsbuch	25
Lektion 24	Die Welt von morgen	27
	Lösungen Arbeitsbuch	31
	Lösungen Zwischenstation 12	33
Lektion 25	Menschen rund um uns	35
	Lösungen Arbeitsbuch	39
Lektion 26	Gefühle, Emotionen, Träume	41
	Lösungen Arbeitsbuch	45
	Lösungen Zwischenstation 13	47
Lektion 27	Familienkonflikte	48
	Lösungen Arbeitsbuch	52
Lektion 28	Typisch Schweiz	54
	Lösungen Arbeitsbuch	59
	Lösungen Zwischenstation 14	61
	Lösungen Grammatik auf einen Blick	63

Einführung

Magnet neu
Der Titel des Lehrwerks ist Programm: Magnet neu will die Lernenden anziehen, will ihr Interesse und ihre Neugier an der deutschen Sprache und an den deutschsprachigen Ländern wecken und ihren Horizont erweitern.

Zielgruppe
Magnet neu richtet sich an junge Lerner und Lernerinnen ab etwa 12 Jahren, die Deutsch als Fremdsprache von Beginn an lernen.

Struktur
Das Lehrwerk orientiert sich am Gemeinsamen europäischen Referenzrahmen für Sprachen und deckt in 3 Bänden die Niveaus A1 bis B1 ab. Jeder Band besteht aus Kursbuch, Arbeitsbuch, Testheft und Lehrerheft. Im Internet steht darüber hinaus ein Portfolio zu allen Bänden als Download zur Verfügung.

Komponenten

Kursbuch

Das Kursbuch besteht aus 8 Lektionen, die thematisch voneinander unabhängig sind. Jede Lektion gliedert sich in drei Präsentationsphasen (A, B, C), die jeweils einen Aspekt des Lektionsthemas beleuchten. In diesen Abschnitten werden die neu einzuführenden Strukturen bzw. der neue Wortschatz in Dialogen und Texten kommunikativ präsentiert. Die Aktivierung und Anwendung des neuen Stoffes erfolgt durch verschiedene dialogische Aktivitäten und Aufgaben zum Textverstehen. Die vier Fertigkeiten Lesen, Hören, Sprechen und Schreiben werden so abwechslungsreich und konsequent trainiert. Den Abschluss der Lektionen bilden Überblicksseiten mit den beiden Rubriken *Grammatik auf einen Blick* und *Wortschatz: Das ist neu!*

Nach jeder zweiten Lektion enthält das Kursbuch so genannte Zwischenstationen. Diese sind thematisch an die Lektionen angebunden und umfassen jeweils Aufgaben zu allen vier Fertigkeiten und zur Landeskunde. Die Seiten sind gezielt als Fertigkeitstraining oder zur Prüfungsvorbereitung einsetzbar.

Arbeitsbuch

Das Arbeitsbuch ist transparent gegliedert und folgt progressiv den einzelnen Lektionen des Kursbuches. Es enthält zu jeder Lektion Aufgaben und Übungen zur weiteren Bewusstmachung und zur Festigung der grammatischen Strukturen und des Wortschatzes sowie zusätzliche Aufgaben zum Hör- bzw. Leseverstehen. Der Schwerpunkt des Arbeitsbuches liegt auf schriftlichen Aktivitäten. Es eignet sich daher insbesondere für die schriftliche Hausarbeit. Am Ende jeder Lektion gibt es eine Seite Wortschatztraining, bei dem die Lernenden die neu gelernten Wörter aktiv wiederholen und ihren persönlichen Wortschatz einbringen können.

Nach jeweils zwei Lektionen enthält das Arbeitsbuch die Rubrik *Ich kann …* Sie dient der Selbstevaluation und besteht aus zu den vorangegangenen Lektionen passenden Kann-Beschreibungen mit kleinen Aufgaben. Die Auseinandersetzung mit den Kann-Beschreibungen ermöglicht auf einfache Art und Weise das Einbeziehen des Portfolios in den Unterricht und fördert die Selbstbewertungskompetenz der Lernenden.

Testheft

Das Testheft enthält zum einen 8 Tests zu den einzelnen Lektionen, die die grammatische und kommunikative Kompetenz der Lernenden prüfen und zur Lernfort-

schrittskontrolle eingesetzt werden können. Zum anderen bietet das Heft 4 weitere Tests zu den vier Fertigkeiten, die parallel zum Lehrwerk nach jeder zweiten Lektion bearbeitet werden können. Es handelt sich ausschließlich um Aufgabentypen, die in der Prüfung *Goethe- / ÖSD-Zertifikat B1* vorkommen. Die Tests eignen sich sowohl zur Bearbeitung im Unterricht als auch zur selbstständigen Prüfungsvorbereitung zu Hause. Den Abschluss bildet ein Modelltest zum *Goethe- / ÖSD-Zertifikat B1*.

Lehrerheft

Das Lehrerheft enthält methodisch-didaktische Hinweise zu den Aufgaben und Übungen sowie die Transkriptionen der Hörtexte und alle Lösungen zu Kurs- und Arbeitsbuch. Die Darstellung folgt dem Ablauf der Lektionen, so dass die Lehrkräfte alle notwendigen Informationen zur Unterrichtsvorbereitung bequem im Blick haben.

Lehrwerk digital

Lehrwerk digital enthält das Kursbuch und das Arbeitsbuch zur digitalen Präsentation sowie das Lehrerheft als Datei. Fotos, Aufgaben und Sprechanlässe können im Unterricht bequem am digitalen Whiteboard oder per PC und Beamer gezeigt werden. Auch die Hördateien können direkt aus dem Lehrwerk abgespielt werden. mit verschiedenen Werkzeugen können die Inhalte attraktiv und effektiv präsentiert und erweitert werden. So lassen sich zum Beispiel eigene Notizen eingeben und Screenshots für die nächste Unterrichtsstunde speichern.

Portfolio

Das Portfolio zu Magnet neu ist angelehnt an das Europäische Sprachenportfolio des Europarats und besteht aus den Teilen *Sprachenpass*, *Sprachbiografie* und *Dossier*. Es regt die Lernenden an, ihren eigenen Lernprozess zu beobachten und zu dokumentieren.
Der Teil *Sprachbiografie* enthält Checklisten zur Selbsteinschätzung mit Kann-Beschreibungen, die auch im Arbeitsbuch enthalten sind. Die Arbeit mit dem Portfolio lässt sich so sehr leicht in den Unterricht integrieren.

Konzept

Magnet neu ist ein kommunikatives Lehrwerk, das die Lernenden durch interessante Themen, motivierende Dialoge und abwechslungsreiche Aktivitäten (Partnerarbeit, Gruppenarbeit, Kettenübungen etc.) einlädt, die Sprache aktiv zu gebrauchen.

Themen und Texte

Die Themen der Lektionen knüpfen an die Erfahrungswelt der Jugendlichen an. Sie reichen von Einkaufen über Wohnen bis zu Urlaubsplänen und Berufswünschen. Viele Inhalte werden von authentischen Figuren präsentiert, die immer wieder auftauchen. Diese bieten den Lernenden Möglichkeiten zur Identifikation, geben aber gleichzeitig auch interessante Einblicke in das Leben von Jugendlichen in einem deutschsprachigen Land. Die Präsentation der Themen erfolgt über Beispieldialoge und kurze Texte. Dabei werden verschiedene Textsorten angeboten, die für eine dem Niveau angemessene Kommunikation notwendig sind.

Grammatik

Magnet neu weist eine sehr gezielte grammatische Progression auf, die sich an den kommunikativen Anforderungen der jeweiligen Niveaustufe und der behandelten Themen orientiert. Grammatische Phänomene werden in den Lektionen induktiv in kommunikativen Zusammenhängen präsentiert und in den Aufgaben geübt. Eine Systematisierung erfolgt jeweils am Ende der Lektion in der Rubrik *Grammatik auf einen Blick*. Dort wird die Grammatik in tabellarischen Übersichten dargestellt, wobei die Lernenden konsequent zur Sprachbeobachtung und zum eigenen Entdecken von Regularitäten angeregt werden. Ein besonderes Merkmal ist die mehrmalige Präsentation derselben Struktur. So wird z. B. das Passiv in Lektion 23 eingeführt und in späteren Lektionen wieder aufgenommen. Dieselbe Struktur wird damit in einem anderen Kontext weiter vertieft und gefestigt.

Wortschatz

Wie die Grammatik wird auch der jeweils neue Wortschatz in Texten und Dialogen situativ eingeführt. Die Festigung und weitere Erarbeitung erfolgt durch verschiedene Übungen im Kurs- und auch im Arbeitsbuch. Der Lernwortschatz der Lektionen ist jeweils am Ende in der Rubrik *Wortschatz: Das ist neu!* aufgeführt.

Die neuen Vokabeln werden hier nicht nur in Wortfeldern geordnet, sondern in Kontextbeispiele eingebettet, was das Memorisieren erleichtert.

Am Ende des Arbeitsbuches befindet sich ein Glossar mit dem gesamten Wortschatz in alphabetischer Reihenfolge. Binden Sie die Arbeit mit der Wortliste von Anfang an in den Unterricht ein und geben Sie S Tipps, wie sie sich neue Wörter am besten einprägen können.

Landeskunde

Das Lehrwerk bietet an verschiedenen Stellen speziell landeskundlich ausgerichtete Materialien. In einzelnen Lektionen des Kursbuches werden anhand kurzer Texte und dazugehöriger Aufgaben landeskundliche Aspekte vorgestellt, die mit dem Thema der Lektion eng verbunden sind (Rubrik *Landeskunde*). Einen besonderen Einblick in die Lebenswelt von Jugendlichen in deutschsprachigen Ländern bieten aber auch die Texte, in denen die Protagonisten des Lehrwerks im Vordergrund stehen. In jeder Zwischenstation gibt es zusätzlich noch einen Landeskunde-Schwerpunkt mit Aufgaben zum Textverstehen oder zur Diskussion. Die Texte zeigen das Lektionsthema aus einem landeskundlich interessanten Blickwinkel, der teils allgemein relevant, teils auf die Interessen von Jugendlichen abgestimmt ist. Besonders geeignet sind die Texte als Einstieg für eigenständige Recherchen der Jugendlichen, an die sich freie Präsentationsformen wie Referate anschließen lassen.

Prüfungsvorbereitung

Die 3 Bände von Magnet neu behandeln jeweils den Lernstoff einer bestimmten Niveaustufe und können optimal zur Vorbereitung auf gängige Prüfungen auf dem jeweiligen Niveau genutzt werden. Besonders geübt werden Aufgabenformate von *Fit in Deutsch*, *KID* und vom *Goethe-/ÖSD-Zertifikat B1*. Im Kursbuch sind alle Aufgaben, die dem Format einer der Prüfungen entsprechen, mit dem Symbol [Fit] gekennzeichnet. Zum intensiven Prüfungstraining eignet sich insbesondere das Testheft, das weitere Aufgaben im Prüfungsformat und einen kompletten Modelltest enthält.

Lektion 21 Medien & Kommunikation

Sprachhandlungen: über neue technische Geräte sprechen und Informationen dazu geben, über soziale Netzwerke und deren Nutzung sprechen, über Lesegewohnheiten sprechen, deutsche Tageszeitungen
Strukturen: der Genitiv, das Fragewort *wessen?*, Nebensätze mit *um … zu* und *damit*, Präpositionen mit Genitiv

A Kennst du diese Geräte?

1 **Leseverstehen:** Das Lektionsthema wird anhand von Bildern und Texten eingeführt. S sehen sich Fotos an. L stellt Fragen wie z. B.: *Kennt ihr alle diese Geräte? Welches Gerät habt ihr (nicht)? Wozu braucht man diese Geräte?*
S lesen die Texte leise. L klärt anschließend unbekannten Wortschatz.
S lösen in Partnerarbeit die Aufgabe.

> Der iPod ist das meistverkaufte Abspielgerät der Welt. Das Smartphone vereint drei Produkte in einem. Das Tablet kann auch für Schüler und Schülerinnen sinnvoll sein. Der Laptop wird auch Notebook genannt. Das Navigationssystem führt den Nutzer zum gewünschten Ziel. Der Plasmafernseher hat eine größere Bildfläche als normale Fernseher.

2 S hören die Lösung zu Übung 1 und kontrollieren ihre Zuordnungen. L kann S im Anschluss die Sätze auch noch einmal laut vorlesen lassen. So wird der neue Wortschatz gefestigt.

▶ *Transkription*
Der iPod ist das meistverkaufte Musikabspielgerät der Welt.
Das Smartphone vereint drei Produkte in einem.
Das Tablet kann auch für Schüler und Schülerinnen sinnvoll sein.
Der Laptop wird auch Notebook genannt.
Das Navigationssystem führt den Nutzer zum gewünschten Ziel.
Der Plasmafernseher hat eine größere Bildfläche als normale Fernseher.

3 **Leseverstehen:** S lesen die Texte von Seite 6 noch einmal. S arbeiten dann in Partnerarbeit und beantworten die Fragen. L gibt Hilfestellung bei Schwierigkeiten. Die Ergebnisse werden im Plenum vorgetragen. Als weiterführende Schreibaufgabe können die Antworten auch aufgeschrieben werden.

1. Das Tablet besteht aus einem großen Bildschirm. Es lässt sich per Touchscreen bedienen. 2. Plasmafernseher sind heller und farbenreicher als normale Fernseher. Man kann sie an die Wand hängen, sie sind also platzsparend. Außerdem ist die Tonqualität hervorragend. 3. Mit einem iPod kann man Tausende von Songs speichern. Man kann auch Videos sehen. 4. Um mit einem Laptop ins Netz zu gehen, braucht man einen Ort mit WLAN. 5. Das Smartphone ist sowohl Telefon- als auch Musikabspielgerät bzw. Internetfähiges Gerät. 6. Mit einem Navigationssystem kann man sich nicht mehr verfahren.

4 S lesen zuerst die Namen und Berufe unter / neben den Sprechblasen. L fragt, wer welches Gerät für seinen Beruf / seinen Alltag gut gebrauchen kann und warum. Antworten werden an der Tafel notiert. Anschließend liest L die Sprechblasen und den dazugehörigen Namen vor. S raten, welches Gerät gemeint sein könnte. Ergebnisse und Vermutungen werden zum Schluss verglichen. Wenn S eine eigene Meinung zu den verschiedenen Geräten haben, kann eine Diskussionsrunde stattfinden.

5 **Einführung Genitiv:** Die Genitivendung –s ist S schon aus Lektion 16 bekannt (Die schönsten Städte Deutschlands, das Wahrzeichen Berlins). Eine ausführliche Erklärung der n-Deklination ist an dieser Stelle nicht notwendig. S sollen nicht überfordert werden. L liest Beispielsatz vor und macht S auf die Endungen –s bzw. die Farbe des Substantivs aufmerksam. S lösen die Übung in Partnerarbeit.
→ Deklination Genitiv, das Fragewort *wessen*, S. 15

6 S hören die Lösung zu Übung 5 und kontrollieren ihre Zuordnungen. L kann S im Anschluss die Sätze auch noch einmal laut vorlesen lassen.

▶ *Transkription*
Das ist das Tablet des Managers.
Das ist das Navigationssystem der Autofahrerin.
Das ist der iPod des Schülers.
Das ist das Smartphone der Journalistin.
Das ist der Plasmafernseher der Verkäuferin.
Das ist der Laptop des Studenten.

7 **Festigung des Genitivs:** Die eingeführten Genitivformen werden jetzt in Partnerarbeit eingeübt bzw. gefestigt. Zwei S lesen den Beispieldialog laut vor. L und ein / eine S bilden einen weiteren Dialog. S arbeiten zu zweit. L gibt Hilfestellung, wenn es notwendig ist.

8 Hier werden andere Substantive der *n*-Deklination (Genitiv auf -*n*) eingeführt. L liest das Beispiel vor und fordert eine / einen S auf, die Frage mit der Antwort zu vergleichen. L erklärt an weiterem Beispiel die *n*-Deklination und verweist S auf die Erklärungen auf den Seiten *Grammatik auf einen Blick*.
→ n-Deklination, S. 15

❭ **Dazu passend: AB, Übung 1–7**

B Bist du bei Facebook?

9 **Einführung in das Thema soziale Netzwerke:** L fragt S: *Bist du bei Facebook?* S stellen so Zusammenhang zwischen dem Begriff Facebook und der Person bei Übung 9 her. S diskutieren in kleinen Gruppen, ob sie den Mann kennen. Die Redemittel in den Sprechblasen geben eine Hilfestellung für die Diskussion. Als weiterführende Übung können S Mark Zuckerberg anhand der Informationen vorstellen.

10 **Einführung der Struktur *um … zu*:** S lesen den Text. L stellt die Frage: *Warum ist Mark Zuckerberg in Deutschland?* S suchen Antwort im Text (Er ist in Deutschland, um für die neue Messenger-App zu werben.). L notiert Antwort an der Tafel und erklärt die Struktur *um … zu*. S lösen anschließend die R/F-Aufgabe allein. Die Korrektur erfolgt im Plenum.
→ Nebensätze mit *um … zu* und *damit*, S.16

1. F; 2. R; 3. F; 4. R; 5. F; 6. F

11 L fragt S, ob und warum sie bei Facebook sind und lässt von S eine Liste mit Vor- und Nachteilen an der Tafel erstellen. S lesen dann die Texte alleine. Im Anschluss unterstreichen S die Struktur *um … zu* in den Texten. Die Übung wird in Einzelarbeit durchgeführt. Ergebnisse werden im Plenum besprochen und eventuell korrigiert.

	Dafür?	Dagegen?	Warum?
Timo	x		Man kann mit vielen Leuten in Kontakt bleiben.
Sonja	x		Man kann mit vielen Leuten seine Erlebnisse teilen.
Julian	x		Andere Nutzer können an deinem Leben teilhaben.
Lara		x	Persönliche Informationen bzw. Daten werden an Konzerne weitergegeben.
Daniel		x	Es gibt auch andere Möglichkeiten, um mit Leuten in Kontakt zu treten oder zu kommunizieren.

12 **Anwendung der Struktur *um … zu*:** S fassen mündlich mit Hilfe der Tabelle aus Übung 11 die Meinungen der Jugendlichen zusammen. L ergänzt parallel die Liste mit Vor- und Nachteilen an der Tafel.

13 **Übung zur Verständniskontrolle:** S setzen sich noch einmal mit den Texten aus Übung 11 auseinander. Die Übung wird in Partnerarbeit durchgeführt. Anschließend werden die Sätze laut vorgelesen und kontrolliert. L lenkt Aufmerksamkeit auf die Strukturen *um … zu* und *damit*, geht aber noch nicht ausführlich auf *damit* ein (Übung 15). S erarbeiten selbstständig anhand der gebildeten Sätze die Regel für den Gebrauch von *um … zu*.

Facebook ist eine Plattform, um mit Leuten interessante Inhalte zu teilen. Facebook ist ein Netzwerk, um Erlebnisse mit anderen zu teilen. Konzerne benutzen Facebook, um gezielt Werbung zu machen. Es gibt andere Möglichkeiten als Facebook, um mit Menschen in Kontakt zu treten. Facebook gibt Informationen über die Nutzer weiter, damit Konzerne gezielt Werbung machen können. Ich bin bei Facebook, damit andere Menschen an meinem Leben teilhaben.

14 S hören die Lösung zu Übung 13. S sprechen die Sätze nach.

▶ *Transkription*
siehe Übung 13

15 Unterschiede im Gebrauch von *um … zu* und *damit*: Zwei S lesen den Beispieldialog vor. L erklärt den Unterschied zwischen den beiden Strukturen. Anschließend bilden S in Partnerarbeit weitere Dialoge. L geht durch die Klasse und korrigiert wo nötig. L verweist S auf die Rubrik *Grammatik auf einen Blick*.
→ Nebensätze mit *um … zu* und *damit*, S. 16

16 Übung zum freien Sprechen, Prüfungsvorbereitung: L fordert S auf, so frei wie möglich zu sprechen und ihre Meinung zu sagen. L kann auf die Liste mit Vor- und Nachteilen an der Tafel verweisen, um S Sprechanlässe zu geben.

❯ Dazu passend: AB, Übung 8–14

C Ist Lesen immer noch aktuell?

17 Kommentieren einer Statistik: L fragt S nach ihrem Leseverhalten: *Lest ihr täglich Zeitung? Wie viele Bücher lest ihr durchschnittlich im Jahr? Hört ihr Radio? Wann habt ihr zuletzt im Internet gesurft?* L liest die Ergebnisse der Umfrage laut vor und befragt die S nach ihrer Meinung. Das Ergebnis der eigenen Umfrage wird an der Tafel festgehalten. L verweist auf die Redemittel in den Sprechblasen und gibt ein bis zwei Beispiele, wie man eine Statistik kommentiert. Anschließend bearbeiten S in kleinen Gruppen die drei Fragen und kommentieren die Ergebnisse der Umfragen. Jede Gruppe präsentiert anschließend im Plenum.

18 L fragt S: *Was denkt ihr? Was sagt ein Experte heute über das Leseverhalten junger Leute?* Durch die Antworten kann der Inhalt des Textes vorentlastet werden. S lesen den Text leise. Im Anschluss kann unbekannter Wortschatz besprochen werden.

19 Verständnisübung: S arbeiten zu zweit und beantworten die Fragen mündlich. Kontrolle im Plenum. Weiterführend können die Antworten als kleiner Text aufgeschrieben werden.

1. Herbert Kuhn ist Soziologe und arbeitet an der Uni in Frankfurt. 2. Die Umfrage hat gezeigt, dass seit Jahren das Interesse an Tageszeitungen zurückgeht. 3. Das Internet ist heutzutage das beliebteste Kommunikationsmittel der Jugendlichen. 4. Bilder und mündliche Kommunikation sind wichtiger als geschriebene Texte. 5. Die Jungendlichen von heute haben Probleme, geschriebene Texte zu verstehen. 6. Nur wer liest, versteht, was auf der Welt passiert. 7. Das ist ein Projekt, bei dem die Zeitungsverlage für den Unterricht z. B. zwei Wochen lang kostenlos Zeitungen an eine Schulklasse senden.

20 Einführung Präpositionen mit Genitiv: L schreibt Beispielsatz der Übung an die Tafel und erläutert daran den Gebrauch des Genitivs nach bestimmten Präpositionen. L erklärt die Bedeutung der weiteren Präpositionen in der Übung. S bilden weitere Sätze und L notiert sie an der Tafel und verdeutlicht jedes Mal den Genitiv. S schreiben Sätze anschließend noch einmal zur Vertiefung auf.
→ Präpositionen mit Genitiv, S. 16

Trotz der modernen Medien ist Zeitungslesen nicht out. Trotz der vielen Online-Zeitungen kaufe ich die gedruckte Zeitung. Während des Unterrichts lesen wir regelmäßig Zeitung. Dank meiner Tageszeitung bin ich gut informiert. Dank der Lektüre der Tageszeitungen gewinnt man einen kritischen Einblick. Dank des Projekts „Zeitung in der Schule" gewöhnen sich die Jugendlichen an die Zeitungslektüre. Wegen der Verbreitung des Internets liest man heute weniger gedruckte Texte.

21 Hörverstehensübung: L fragt, ob S die hier abgebildeten Zeitungen kennen. Eventuell bringt L deutschsprachige Zeitungen mit in den Unterricht und lässt S darin blättern. L sammelt neuen Wortschatz an der Tafel. Das kann das Hörverstehen erleichtern. Die Texte werden zwei Mal angehört. Das erste Mal hören S ohne sich Notizen zu machen. Beim zweiten Mal füllen S die Tabelle aus. Ergebnisse werden im Plenum verglichen. L kann anschließend die Meinungen der S einholen.

	Welche Zeitung?	Warum?
Peter Weber, 40	Bild-Zeitung	nicht sehr seriös, viele sensationelle Nachrichten
Anke Steiner, 32	Süddeutsche Zeitung	exzellenter Journalismus, saubere Trennung zwischen Bericht und Meinung, Zeitung mit Weltformat
Mark Becker, 26	Welt kompakt	informiert sachlich, gut strukturiert, gutes Format
Daniel Kohl, 19	Online-Zeitungen wie die Süddeutsche oder Frankfurter Allgemeine	immer die aktuellsten Nachrichten

▶ *Transkription*

Peter Weber: *Ich lese wenig Zeitung. Wozu denn? Es ist so praktisch, sich alle Informationen im Internet zu holen. Wenn etwas Besonderes passiert, dann schaue ich auf yahoo.de und habe sofort den aktuellen Stand der Dinge. Wenn ich 'ne Zeitung kaufe, dann die Bild-Zeitung. Ich muss aber zugeben: sehr seriös ist die Bildzeitung nicht. Da stehen nämlich viel Klatsch und viele sensationelle Nachrichten drin.*

Anke Steiner: *Beruflich und privat lese ich die Süddeutsche Zeitung. Exzellenter Journalismus, ein leserfreundliches Layout, eine saubere Trennung zwischen Bericht und Meinung. Außerdem hat die SZ Weltformat und wird auch im deutschsprachigen Ausland, d.h. sowohl in Österreich als auch in der Schweiz, gern gelesen.*

Mark Becker: *Ich habe nicht soviel Zeit und nicht soviel Platz, um in der U-Bahn eine komplette Zeitung zu lesen. Deshalb lese ich gerne die Welt-Kompakt. Sie informiert sachlich, ist gut strukturiert und hat ein angenehmes Format. Alles in allem eine tolle Zeitung.*

Daniel Kohl: *Ich lese gern, aber dafür gleich eine Zeitung kaufen? Online ist mittlerweile fast alles verfügbar. Also ich schaue direkt online bei der Süddeutschen Zeitung oder der Frankfurter Allgemeinen vorbei. Da finde ich immer die aktuellsten Nachrichten.*

❭ **Dazu passend: AB, Übung 15–18**

Landeskunde

Der Text stellt die Bild-Zeitung vor. Die Bild-Zeitung ist eine beliebte Zeitung in Deutschland, die oft mit ihren Schlagzeilen und Artikeln provoziert. Die Bild ist eine Boulevardzeitung. Die Zeitung fällt durch ihre großformatigen Schlagzeilen und großen Bilder auf. Im Vergleich zu anderen Tageszeitungen ist die Bild sehr preiswert. Jede größere Stadt in Deutschland hat in der Bild-Zeitung einen eigenen Regionalteil, in dem Lokalpolitik und Regionales zum Thema gemacht werden. Ansonsten zeichnet sich die Zeitung durch kurze und einfache Texte aus, die Emotionen beim Leser auslösen sollen. Die Bild-Zeitung gehört zum Axel-Springer-Verlag mit Sitz in Berlin.

1. Die Bildzeitung gibt es seit 1952. 2. Eine Boulevardzeitung ist eine Zeitung, die auf der Straße verkauft wird. 3. Jeden Tag werden etwa 2,9 Millionen Kopien verkauft. 4. Die Artikel sind kurz und haben große Bilder. 5. Durchschnittlich braucht man 38 Minuten, um die Bildzeitung zu lesen. 6. Auf der Titelseite stehen meistens Klatsch- und Skandalberichte. 7. Die Bildzeitung hat ein negatives Image.

Grammatik auf einen Blick

Gehen Sie hier nochmals besonders auf die *n*-Deklination ein. Je nach Niveau kann L hier auch noch weitere Beispiele geben.
Machen Sie den Unterschied im Satzbau bei der Verwendung von *um … zu* oder *damit* aufmerksam.

Wortschatz: Das ist neu!

In der Lektion lernen S Wortschatz zu technischen Geräten sowie zu neuer und traditioneller Mediennutzung kennen.

Lösungen Arbeitsbuch

1 2. Mit einem Plasmafernseher hat man beste Ton- und Bildqualität. 3. Mit einem iPod kann man Tausende von Songs speichern und Videos sehen. 4. Mit einem Laptop kann man überall ins Netz gehen und arbeiten. 5. Mit einem Smartphone kann man telefonieren, surfen, Musik hören und Videos sehen. 6. Mit einem Navigationsgerät kann man den Standort bestimmen und die Fahrroute ermitteln.

2

	1	2	3
Name	Patrick	Klaus Hauptmann	Claudia Specht
Gerät	iPod	Smartphone	Laptop
Was?	Musik abspielen, Videos ansehen	Videos aufnehmen, Kamera	für den Unterricht
Vorteile bzw. Nachteile?	beste Musikqualität, zu teuer	unterwegs surfen	Laptop muss mit in die Schule genommen werden
Zufrieden?	ja	ja	ja

▶ *Transkription*

Patrick: *Hallo, ich heiße Patrick. Ich habe letztes Jahr den iPod Nano zum Geburtstag geschenkt bekommen und ich muss sagen, dass der ein hervorragender MP3-Player ist. Der Bildschirm zeigt brillante Farben, Videos werden fließend abgespielt, das Gerät bietet beste Musikqualität. Und auch das Design stimmt. Insgesamt ist also der iPod zu empfehlen. Einziger Nachteil: der Preis, 169 Euro. Nicht gerade billig. Aber der iPod ist schon was Besonderes …*

Klaus Hauptmann: *Guten Tag. Mein Name ist Hauptmann, Klaus Hauptmann. Seit ein paar Wochen bin ich im Besitz eines iPhones. Ich bin einfach begeistert. Auf der Straße kann das iPhone meinen Standort in Sekunden erfassen und zeigt ihn in Google-Maps perfekt an. Mit dem iPhone kann man auch Videos aufnehmen und abspielen. Und die Kamera eignet sich durchaus für Schnappschüsse. Und noch etwas: Surfen mit dem iPhone ist ein ganz anderes Gefühl! Und natürlich kann man problemlos telefonieren!*

Claudia Specht: *Hallo. Ich heiße Claudia Specht. Meine Klasse, die 7a einer Gesamtschule in Hamburg, ist eine so genannte Notebook-Klasse. Wir gehören zu einem Projekt, mit dem unsere Lehrer versuchen, uns Schüler mit den Laptops zu mehr Selbstständigkeit und Projektarbeit zu motivieren. Wir haben schnell gelernt, Informationen zu suchen, Bilder zu scannen, Texte statt in Hefte in Dateien zu schreiben und schließlich in einem Dokument zu speichern. Einziger Nachteil: wir müssen unsere Laptops in die Schule mitnehmen. Das war die Voraussetzung, um an dem Projekt teilzunehmen.*

3 Die Bücher gehören den Schülern der Klasse 9a. Das sind die Bücher der Schüler der Klasse 9a. Das Kleid gehört dem Model. Das ist das Kleid des Models. Der Laptop gehört der Managerin. Das ist der Laptop der Managerin. Die Spielsachen gehören dem Kind. Das sind die Spielsachen des Kindes. Die Kamera gehört dem Journalisten. Das ist die Kamera des Journalisten. Der iPod gehört dem Deutschlehrer. Das ist der iPod des Deutschlehrers. Das Smartphone gehört dem Sekretär. Das ist das Smartphone des Sekretärs.

4 2. Das ist der Artikel eines Reporters. 3. Das ist der Direktor der Schule. 4. Das ist die Klasse des Deutschlehrers. 5. Das sind die Ratschläge der Eltern. 6. Das ist der MP3-Player des Mädchens. 7. Das sind die Klassenarbeiten der Schüler. 8. Das ist die Gitarre einer Popsängerin.

5 1. Die Arbeit eines Polizisten ist sehr gefährlich. 2. Das ist die neue Sekretärin des Direktors. 3. Die Kleider eines Models sind immer sehr extravagant. 4. Das ist nicht das Büro der Managerin, sondern des Personalchefs. 5. Das Leben eines Studenten ist nie langweilig. 6. Die Frau unseres Deutschlehrers kommt aus Berlin. 7. Die Arbeit der Lehrerin meiner Tochter ist nicht langweilig. 8. Die Arbeit des Gärtners meines Onkels ist nicht schwer. 9. Das Büro des Präsidenten liegt im dritten Stock. 10. Das ist der neue Schreibtisch unserer Chefin.

6 Das ist das Handy der Direktorin, des Professors, der Sekretärin, des Musikers, des Kindes, des Mädchens, des Opas, der Oma, der Schülerin, des Studenten, des Polizisten, des Architekten.

Das ist der Laptop meines Bruders, meiner Schwester, meines Freundes, meiner Cousine, meiner Tante, meines Onkels, meines Freundes, meines Kollegen, meines Klassenkameraden, meiner Eltern.

7 2. Das Leben eines Formel-1 Fahrers ist spannend. 3. Die Erklärungen der Mathelehrerin sind sehr verständlich. 4. Die Noten der Schüler und Schülerinnen der Klasse 10a sind sehr gut. 5. Herr Bauer ist der

elf **11**

Direktor der Commerzbank. 6. Die Fragen des Deutschlehrers sind schwer. 7. Ich nehme das Fahrrad meines Bruders und fahre zu Martina. 8. Frau Schmidt ist die Leiterin des Spracheninstituts.

8 1. e; 2. b; 3. i; 4. j; 5. d; 6. c; 7. g; 8. h; 9. f; 10. a

9 ▶ *Transkription*

Interviewer: *Herr Zuckerberg, Sie sind sehr jung. Wann sind Sie geboren?*
Mark Zuckerberg: *Ich bin am 14.5.1984 geboren.*
Interviewer: *Und wo genau?*
Mark Zuckerberg: *In Dobbs Ferry. Das liegt im Bundesstaat New York.*
Interviewer: *Wo haben Sie studiert?*
Mark Zuckerberg: *Ich habe an der Harvard University studiert. Aber ohne großen Erfolg.*
Interviewer: *Und warum?*
Mark Zuckerberg: *Weil ich nach vier Semestern das Studium aufgegeben habe.*
Interviewer: *Sie haben also keinen Studienabschluss. Und wieso?*
Mark Zuckerberg: *Ich hatte eine Menge zu tun mit meinem neuen Projekt.*
Interviewer: *Sie meinen Facebook, nicht wahr?*
Mark Zuckerberg: *Genau das. Im Jahr 2004 war es dann soweit. Ich habe Facebook gegründet.*
Interviewer: *In den Medien hört man, dass das Unternehmen Facebook ein Vermögen wert ist. Darf ich fragen, wie viel?*
Mark Zuckerberg: *Facebook hat im Moment einen Gesamtwert von 15 Mrd. Dollar!*
Interviewer: *Und können Sie uns sagen, wie viel Geld Sie auf Ihrem Konto haben?*
Mark Zuckerberg: *Das will ich nicht verraten. Ich kann aber sagen, dass ich der jüngste zu Zeit lebende Milliardär der Welt bin.*
Interviewer: *Dann wohnen Sie bestimmt in einer schönen Villa mit Garten und Pool, oder?*
Mark Zuckerberg: *Nein, ich wohne in einem kleinen Appartement in San Francisco.*
Interviewer: *Herr Zuckerberg, vielen Dank für das Interview.*
Mark Zuckerberg: *Bitte sehr!*

10 2. Ich kaufe einen Laptop, um überall zu arbeiten und ins Netz zu gehen. 3. Ich kaufe einen iPod, um viele Songs zu speichern. 4. Ich kaufe einen Plasmafernseher, um das Gefühl zu haben, wie im Kino zu sitzen. 5. Ich will ein Tablet haben, um Spiele zu spielen. 6. Ich brauche ein Handy, um immer erreichbar zu sein. 7. Ich kaufe eine Digitalkamera, um schöne Fotos zu machen. 8. Ich brauche einen PC, um E-Mails zu senden und zu chatten.

12 2. Damit meine Freunde mir SMS schicken. 3. Damit ihre Kinder im Internet recherchieren. 4. Damit meine Freunde alles über mich erfahren. 5. Damit ich Deutsch lerne. 6. Damit ich bessere Arbeitchancen habe.

13 2. Viele Leute benutzen Facebook, um mit alten Freunden wieder Kontakt aufzunehmen. 3. Mark Zuckerberg erklärt, wie Facebook funktioniert, damit viele Leute Facebook benutzen. 4. Microsoft bietet Mark Zuckerberg viel Geld, damit er / Mark Zuckerberg Facebook verkauft. 5. Ich bin bei Facebook, um mit neuen Leuten in Kontakt zu treten. 6. Ich surfe regelmäßig im Netz, um immer gut informiert zu sein. 7. Meine Mutter hat mir ein Handy geschenkt, damit ich immer erreichbar bin.

16 Wegen der Krankheit des Lehrers findet der Unterricht nicht statt. Während des Studiums in den USA habe ich Mark Zuckerberg kennen gelernt. Dank der Wandmontage ist der Plasmafernseher platzsparend.

17 2. Dank meiner Erfahrung habe ich die Stelle bekommen. 3. Wegen der Finanzkrise haben viele Banken große Probleme. 4. Während des Aufenthalts in den USA habe ich Mark Zuckerberg kennen gelernt. 5. Trotz der Finanzkrise verdient Herr Scholz viel Geld. 6. Wegen des Streiks ist die Firma morgen geschlossen. 7. Während der Pause gehe ich immer zu meiner Freundin Karin. 8. Dank der Technologie ist die Kommunikation heute unproblematisch.

18 1. Die Bildzeitung ist eine Boulevardzeitung. 2. Auf der Titelseite stehen oft große Schlagzeilen oder Schlagwörter. 3. Jeden Tag werden 2,9 Millionen Exemplare verkauft. 4. Die FAZ erscheint in Frankfurt. 5. Die FAZ ist bekannt für Artikel, die in Deutschland für große Diskussionen gesorgt haben. 6. Die Welt ist eine überregionale Zeitung. 7. Die Redaktion arbeitet in Berlin. 8. Die Kultur spielt in der SZ eine große Rolle. 9. Der Sonderteil der SZ heißt SZ-Magazin. 10. 457.000 Exemplare werden täglich verkauft.

Wortschatztraining

c

1. f; 2. d; 3. e; 4. b; 5. c; 6. a

Lektion 22 Interkulturelle Erfahrungen

Sprachhandlungen: über einen Schüleraustausch sprechen, über Erfahrungen im Ausland sprechen, über Vorteile und Nachteile eines Sommercamps sprechen.
Strukturen: direkte und indirekte Fragen, Relativpronomen und Relativsatz, Sätze mit *obwohl* und *trotzdem*

A Ein Schüleraustausch

1 Einführung in das Thema: L fragt S nach der Bedeutung des Wortes *Schüleraustausch* und notiert Stichpunkte an der Tafel. So entsteht eine Wortschatzsammlung, die die folgenden Übungen entlastet. S lesen leise die Informationen zu den beiden Schulen. Anschließend stellt L Fragen zum Verständnis, zum Beispiel: *Wo liegt das Europa-Gymnasium? Wer ist Herr Barzaghi? Aus wie vielen SchülerInnen besteht die Klasse 4A der Bertacchi-Schule?* S stellen nun die beiden Klassen vor. Hinweis für L: In Österreich macht man das Abitur (Matura) nach der 12. Klasse, in Italien nach der 5. Oberschulklasse.

2 Vorbereitung auf Leseverstehensübung: S lesen den Text leise. Anschließend gibt L Erklärungen zu unbekanntem Wortschatz.

3 Leseverstehen: S lösen die Aufgabe in Partnerarbeit. L gibt Hilfestellung bei Verständnisschwierigkeiten. Kontrolle und eventuell Korrektur im Plenum.

1. d; 2. f; 3. j; 4. h; 5. a; 6. e; 7. c; 8. g; 9. i; 10. b

4 Leseverstehen: In dieser Übung wird das Verständnis des Texts aus Übung 2 vertieft. S arbeiten zu zweit und beantworten die Fragen. Die Kontrolle erfolgt im Plenum. Anschließend kann L einen kurzen Aufsatz über die beiden Schulen schreiben lassen.

> Die Klassenlehrer haben den Austausch organisiert. Ja, alle italienischen Schüler und Schülerinnen haben teilgenommen. Der Austausch hat eine Woche gedauert. Die italienischen Schüler und Schülerinnen sind zuerst nach Salzburg gefahren. Sie haben bei den Familien der österreichischen Austauschklasse gewohnt. Die Schüler und Schülerinnen haben in Salzburg den Unterricht besucht.

5 Hörverstehen: L lässt zunächst alle 4 Kommentare vorlesen und erklärt bei Bedarf unbekannten Wortschatz. S hören die Kommentare mit kurzen Pausen dazwischen und lösen die Aufgabe. Kontrolle im Plenum.

Elena: D; Fabio: B; Verena: C; Julian: A

▶ *Transkription*
Interviewer: *Na, Elena, wie war's in Salzburg?*
Elena: *Eine tolle Erfahrung, gar keine Frage. Am Anfang waren wir alle sehr aufgeregt. Viele von uns sind noch nicht im Ausland gewesen. Und noch dazu, die Vorstellung bei einer Gastfamilie zu wohnen. Zum Glück konnte Renate, bei der ich gewohnt habe, ein bisschen Italienisch. Schön war der Besuch des Unterrichts am Vormittag. Eine Geschichtsstunde über den Ausbruch des 1. Weltkriegs hat mir besonders gut gefallen. Auch weil ich ungefähr 50 % von den Erklärungen verstanden habe. Am Ende der Stunde war ich stolz auf mich und … auf meine Deutschkenntnisse!*
Interviewer: *Und wie war's bei dir, Fabio?*
Fabio: *Mein Deutsch ist besser geworden und Florian, bei dem ich gewohnt habe, gehört jetzt zu meinen besten Freunden. Wir sind ständig in Kontakt miteinander. Ich habe erlebt, wie der Unterricht Spaß machen kann. Die österreichischen Schüler und Schülerinnen nehmen nämlich aktiv am Unterricht teil, melden sich zu Wort, diskutieren mit dem Lehrer. Die Stimmung in der Klasse ist anregend, anders als bei uns in Italien. Jetzt verstehe ich meinen Deutschlehrer, wenn er zu uns sagt: „Ihr seid immer so still! Sagt doch etwas!"*
Interviewer: *Julian, wie war deine Erfahrung in Lecco?*
Julian: *Sehr positiv! Vor allem bin ich jetzt ganz motiviert, Italienisch zu lernen. Ich habe selbst erlebt, was es heißt, sich in einer konkreten, alltäglichen Situation zu befinden, ohne dabei die notwendigen Sprachkenntnisse zu haben, um sich problemlos zu verständigen. Ein unangenehmes Gefühl. Deshalb habe ich mir vorgenommen, von jetzt an fleißig*

dreizehn **13**

Italienisch zu lernen. Und im Sommer fahre ich zu meinem Freund Alessandro nach Lecco. Dieses Mal ohne meine Klassenkameraden. …
Interviewer: *Verena, bist du auch mit diesem Austausch zufrieden?*
Verena: *Aber klar! Schade, dass nun alles zu Ende ist. Die italienischen Schüler und Schülerinnen sind vorgestern abgereist. Natürlich war die Woche anstrengend, denn man hat das Gefühl, dass man für die Gäste verantwortlich ist. Man möchte immer etwas organisieren, etwas zusammen unternehmen, abends natürlich zusammen ausgehen. Manchmal hat man dann keine Zeit mehr für die Schule. Aber während des Austausches sind unsere Lehrer verständnisvoll, das heißt wir schreiben keine Klassenarbeiten.*

6 Einführung der indirekten Fragen: Ein / eine S liest die Fragen in der Sprechblase laut vor. Die Fragen werden im Plenum beantwortet. L schreibt die Antworten auf die Fragen *Elena, hast du am Unterricht teilgenommen?* und *Fabio, welchen Eindruck hast du vom Unterricht gehabt?* nebeneinander an der Tafel mit. Anschließend schreibt L unter jede Frage die indirekte Frage und lässt S den Unterschied zwischen direkten und indirekten Fragen alleine herleiten. L macht auf die Satzstellung der indirekten Fragen aufmerksam (eventuell auch Vergleich mit Nebensätzen mit *dass* und *weil*). S lösen Aufgabe in Einzelarbeit auf S. 20 / 21 im Kursbuch.
→ Direkte und indirekte Fragen, S. 28

7 Festigung der indirekten Fragen: Zwei S lesen den Beispieldialog vor. Je zwei S sprechen einen Dialog. L achtet auf die korrekte Satzstellung und gibt ggf. Hilfestellung.

8 Festigung der indirekten Fragen: Zwei S lesen den Beispieldialog vor. Die Aufgabe wird anschließend in Partnerarbeit durchgeführt. L geht durch die Klasse und gibt Hilfestellung.

9 Festigung des Wortschatzes zum Thema Schüleraustausch: L stellt gezielte Fragen wie z. B. *Möchtet ihr an einem Austausch teilnehmen? Mit einer deutschen, einer spanischen oder einer französischen Klasse? Wie findet man eine Partnerklasse? Ist ein Austausch teuer?* Während der Diskussion kann die Checkliste weitergeführt werden.

10 Geführte Schreibübung: S lesen die E-Mail. L liest die Punkte unter der E-Mail vor und sammelt Stichpunkte zu den Antworten an der Tafel. Anschließend schreiben S die E-Mail. L geht dabei durch die Klasse und gibt Hilfestellung.

▶ Dazu passend: AB, Übung 1–9

B Als Au-pair nach Deutschland

11 Einführung von Wortschatz zum Thema Au-pair: L erklärt zunächst den Begriff *Au-pair*. Anschließend stellt L Fragen wie z. B. *Was macht ein Au-pair? Wo wohnt ein Au-pair? Warum gehen Jugendliche als Au-pairs ins Ausland?* S betrachten das Foto und lesen die Übersetzung unter der Sprechblase. L fordert S auf, sich zum Foto zu äußern. L hält Antworten stichpunktartig an der Tafel fest. So werden Erwartungen geweckt und der Inhalt antizipiert. S beantworten die Fragen nun im Plenum.

12 L liest die Vorgeschichte laut vor. S vergleichen Informationen mit ihren eigenen Vermutungen aus Übung 11. S lesen die Anzeige und sammeln Informationen zu den Fragen auf S. 24. L erklärt bei Bedarf unbekannten Wortschatz aus der Anzeige. Die Fragen werden anschließend im Plenum beantwortet. Weiterführend können S die Antworten auch aufschreiben.

13 Einführung der Relativpronomen: S betrachten die Bilder und beschreiben sie. Die Bilder sind Szenen aus dem Alltag eines Au-pairs. L liest Beschreibungen vor. Zuordnung durch S erfolgt im Plenum.
L erklärt anhand der Sätze die Relativpronomen.
→ Relativpronomen und Relativsatz, S. 28

1 d; 2 h; 3 e; 4 b; 5 i; 6 c; 7 a; 8 f

14 Festigung der Relativpronomen: L spielt den Text zweimal vor. S ergänzen beim ersten Hören die fehlenden Relativpronomen. Beim zweiten Hören sind die Bücher geschlossen. L stoppt die CD nach jedem Satz und S sprechen den Satz im Chor nach.

die; der; der; denen; deren; den

▶ *Transkription*
Familie Horst ist eine Familie, die einfach super ist. Frau Horst ist eine Person, mit der ich mich gut verstehe.

Herr Horst ist ein Typ, der sehr aufgeschlossen ist.
Hanna und Oliver sind zwei Kinder, mit denen ich gern spiele.
Familie Horst ist eine Familie, deren Hilfsbereitschaft ich sehr schätze.
Thomas ist der Junge, in den ich mich verliebt habe.

15 **Festigung der Relativpronomen:** S füllen die Tabelle in Partnerarbeit aus. L verweist nach der Kontrolle im Plenum auf die Erklärungen in der Rubrik *Grammatik auf einen Blick*.
→ Relativpronomen und Relativsatz, S. 29

	maskulin	neutral	feminin	Plural
Nominativ	der	das	die	die
Akkusativ	den	das	die	die
Dativ	dem	dem	der	denen
Genitiv	dessen	dessen	deren	deren

16 **Festigung der Relativpronomen:** S lesen die Sätze und überlegen sich mögliche Ergänzungen. Anschließend wird die Übung im Plenum durchgeführt. Weiterführend können S die Sätze aufschreiben.

> **Dazu passend: AB, Übung 10–17**

C Im Sommercamp

17 **Einführung von Wortschatz zum Thema Sommercamp:** S betrachten das Foto und stellen Vermutungen an, was auf dem Bild zu sehen ist. L kann zur Unterstützung Fragen stellen: *Was macht man in einem Sommercamp? Wer nimmt an einem Sommercamp teil? Wo wohnt man? Sind die Eltern auch dabei?* S lesen den Text und beantworten dann im Plenum die Fragen.

18 **Einführung des Konzessivsatzes mit *obwohl*:** L erklärt die Bedeutung von *obwohl*. L liest Satz 1 vor und bittet S, den Satz zu beenden. S führen die Übung in Partnerarbeit durch. Die Ergebnisse werden im Plenum verglichen.
→ Sätze mit *obwohl* und *trotzdem*, S. 29

Ich bin schon einmal in Tirol gewesen. Trotzdem möchte ich gerne wieder hinfahren. Obwohl das Sommercamp nicht billig ist, bezahlen meine Eltern die Fahrt. Ich fahre nicht gerne Fahrrad. Trotzdem mache ich bei der Fahrradtour mit. Ich spreche nicht so gut Deutsch. Trotzdem nehme ich am Sommercamp teil.

19 **Einführung des Konzessivsatzes mit *trotzdem*:** L liest die ersten zwei Sätze vor und macht S darauf aufmerksam, dass die Sätze die gleiche Bedeutung haben. L erklärt die Bedeutung von *trotzdem* und zeigt die Unterschiede im Satzbau anhand eines Beispiels an der Tafel (Sätze mit *obwohl*: Verb am Satzende, Sätze mit *trotzdem*: Inversion). Die Übung wird im Plenum gelöst.
→ Sätze mit *obwohl* und *trotzdem*, S. 29

2. Obwohl ich schon einmal in Tirol gewesen bin, möchte ich gerne wieder hinfahren. 3. Das Sommercamp ist nicht billig. Trotzdem bezahlen meine Eltern die Fahrt. 4. Obwohl ich nicht gerne Fahrrad fahre, mache ich bei der Fahrradtour mit. 5. Obwohl ich nicht so gut Deutsch spreche, nehme ich am Sommercamp teil.

20 **Hörverstehen:** L fordert S vor dem Hören durch Fragen auf, Vermutungen über den Inhalt des Interviews anzustellen: *Was hat Oliver im Sommercamp gemacht? Wer war mit ihm im Sommercamp? Hat er Spaß gehabt? Möchte er nächstes Jahr die Erfahrung wiederholen?* S hören das Interview zweimal. Erst beim zweiten Mal, kreuzen S die Antworten an. Vergleich der Antworten im Plenum.

1 R; 2 F; 3 R; 4 F; 5 R; 6 F; 7 R; 8 F; 9 R; 10 F

▶ *Transkription*

Oliver: *Ich hab meine Eltern überredet und habe mit Fabian, einem Klassenkameraden, an dem Sommercamp in Tirol teilgenommen. Es war wirklich eine tolle Erfahrung.*
Wir sind mit den anderen Teilnehmern von Wien-Westbahnhof abgefahren. Dort warteten unsere Betreuer. Fabians Eltern wollten uns direkt hinfahren. Ich hab gesagt: „Es ist besser, wenn wir mit den anderen Jugendlichen mit dem Zug fahren. Wir können uns schon während der Fahrt kennen lernen."
Wir waren insgesamt 18 Leute, Jungs und Mädchen. Und natürlich die zwei Betreuer, Mirko und Karen. Wir waren in einer kleinen Pension untergebracht.

*Da wir immer unterwegs waren, hatten wir Lunchpakete dabei.
Alle Aktivitäten hatten natürlich mit Natur und Naturschutz zu tun. Wir waren den ganzen Tag an der frischen Luft. Wir haben Wanderungen und Fahrradtouren gemacht und Tiere beobachtet.
Zum Glück war das Wetter immer schön. Es hat nie geregnet!
Besonders schön war das Lagerfeuer am letzten Abend: Wir haben gegrillt, gesungen, gespielt, einige von uns haben sogar geweint.*

21 **Zusammenhängendes Sprechen:** L fordert S auf, sich zum Thema Sommercamp zu äußern. Die Übung wird in Gruppen von je 4-5 S durchgeführt. Jede Gruppe schreibt die Vorteile und Nachteile einer Reise ins Sommercamp auf und präsentiert abschließend die Meinung der Gruppe.

❯ **Dazu passend: AB, Übung 18–23**

Grammatik auf einen Blick

Die indirekten Fragen sind neu. Machen Sie nochmals die Unterschiede zwischen direkten Fragen mit Fragewort und direkten Fragen ohne Fragewort aufmerksam.
Relativpronomen sind aus Magnet neu A2 schon bekannt. Daran können Sie anknüpfen, wenn Sie den Relativsatz einführen.

Wortschatz: Das ist neu!

In der Lektion wird Wortschatz zu den Themen Partnerschulaustausch, Au-pair-Tätigkeiten und Sommercamps erlernt.

Lösungen Arbeitsbuch

1 Europa-Gymnasium: 3.; 4.; 7.; 8.
Bertacchi Schule: 1.; 2.; 5.; 6.

2 1. Das Europa-Gymnasium liegt in Salzburg. 2. Die Klasse 11B besteht aus 23 Schülern und Schülerinnen. 3. Die Schüler und Schülerinnen der Klasse 11B sind 17 Jahre alt. 4. Am Europa-Gymnasium lernt man Englisch und Italienisch. 5. Die Klassensprecherin heißt Karen Strasser. 6. Frau Riefler ist die Italienischlehrerin.

4 1 Partnerschule; 2 Interessante; 3 Fremdsprache; 4 Schüleraustausch; 5 Kollege; 6 Schüler und Schülerinnen; 7 Unterricht; 8 Sprachkenntnisse; 9 Woche; 10 Ausflug

5 2. Kannst du mir sagen, wo du übernachtest. 3. Ich frage mich, ob du am Unterricht teilnimmst. 4. Ich möchte wissen, warum Stefan so gut Italienisch spricht. 5. Weißt du, ob ihr einen Ausflug nach Wien macht. 6. Ich möchte wissen, ob du in Mozart Geburtshaus warst.

6 2. Ich weiß nicht, ob das Europa-Gymnasium in der Rainerstraße liegt. 3. Ich weiß nicht, was die Fahrt nach Salzburg kostet. 4. Ich weiß nicht, wo Mozarts Geburtshaus liegt. 5. Ich weiß nicht, ob ich morgen zurückkomme. 6. Ich weiß nicht, ob der Austausch wirklich eine Woche dauert. 7. Ich weiß nicht, wie das Wetter in Salzburg ist.

7 Die Journalistin fragt, wann ich das Abitur mache. Sie möchte wissen, was ich nach dem Abitur mache. Die Journalistin fragt, ob ich im Ausland studieren möchte. Sie fragt, ob ich als Au-pair jobben möchte. Sie fragt, ob ich an dem Austausch teilnehmen möchte. Die Journalistin fragt, ob ich schon einmal in Italien gewesen bin. Die Journalistin möchte wissen, wohin ich im Sommer fahre. Die Journalistin fragt, ob ich schon mit meiner Mutter gesprochen habe.

8 Ich frage mich, ob ich nach Lecco fahren soll. Ich frage mich, ob meine Gastfamilie nett ist. Ich weiß nicht, ob mein italienischer Freund Deutsch spricht. Ich möchte wissen, wo meine Gastfamilie wohnt. Ich möchte wissen, warum wir am Unterricht teilnehmen sollen. Ich bin nicht sicher, warum wir nicht nach Rom fahren.

9 Sebastian: Schüleraustausch mit Partnerklasse in Grenoble, Frankreich
Lena: Partnerklasse kommt bald nach Deutschland
Markus: tolle Ausflüge gemacht, in die Schweiz, nach Lyon
Florian: jeden Tag in der Schule, viel Französisch gesprochen
Steffi: 10 Tage in Grenoble gewesen

▶ *Transkription*

Interviewerin: *Sebastian, ich habe gehört, ihr habt einen Austausch gemacht.*
Sebastian: *Ja, wir haben unsere Partnerklasse in Frankreich, und zwar in Grenoble, besucht.*
Interviewerin: *Steffi, warst du auch dabei?*
Steffi: *Klar!*
Interviewerin: *Und wie lange seid ihr in Grenoble geblieben?*
Steffi: *Wir sind 10 Tage geblieben.*
Interviewerin: *Florian, erzähl doch mal, was ihr dort gemacht habt.*
Florian: *Wir sind jeden Tag in die Schule gegangen, haben natürlich viel Französisch gesprochen. Stimmt's, Markus?*
Markus: *Ja genau. Und wir haben auch tolle Ausflüge gemacht.*
Interviewerin: *Und wohin genau, Markus?*
Markus: *Wir sind zum Beispiel in die Schweiz gefahren, nach Genf und nach Lyon.*
Interviewerin: *Und sag mal Lena, wann kommt eure Partnerklasse nach Deutschland?*
Lena: *Sie kommt nächste Woche zu uns. Wir freuen uns alle darauf!*

11

Das gehört zu den Aufgaben eines Au-pairs:	Das gehört nicht zu den Aufgaben eines Au-pairs:
kochen, Staub saugen, bügeln, die Wäsche waschen, mit den Kindern spielen	den Garten pflegen, das Auto waschen, einkaufen gehen

12 1. Maria ist seit einem Monat in Deutschland. 2. Maria gefällt es sehr gut in Deutschland. 3. Familie Horst ist eine tolle Familie und die Kinder sind süß. 4. Maria muss die Kinder zur Schule bringen, dann räumt sie die Wohnung auf, macht die Betten der Kinder, räumt die Kinderzimmer auf und saugt Staub. 5. Maria muss nicht jeden Tag kochen. 6. Maria besucht 2x in der Woche einen Deutschkurs in einer Sprachschule.

13 Ein Lehrer, der Deutsch unterrichtet; eine Schule, die Sprachkurse anbietet; ein Gerät, das Musik abspielt; ein Gerät, mit dem man telefonieren kann; eine Wohnung, die in den Ferien vermietet wird; ein Saal, in dem Kinofilme gezeigt werden; ein Gerät, mit dem die Wohnung sauber gemacht wird; eine Frau, die im Krankenhaus arbeitet

Lösungen Arbeitsbuch

15 1. dem; 2. die; 3. der; 4. dem; 5. der; 6. deren; 7. der; 8. die; 9. dessen; 10. das

16 1. die; 2. der; 3. die; 4. dem, 5. der, 6. deren; 7. denen; 8. die

17 2. Maria spielt gern mit den zwei Kindern, die Frau Horst hat. 3. Ich habe mit dem Mann gesprochen, den ich gestern getroffen habe. 4. Ich habe ein Mountainbike, mit dem ich tolle Touren mache. 5. Dilara, die gut Italienisch spricht, hat eine Italienischlehrerin, die in Rom gewohnt hat. 6. Die Kinder lieben Maria, die nett und sympathisch ist. 7. Julian, der an dem Austausch teilnimmt, lernt Italienisch. 8. Julian, der sehr sportlich ist, wohnt bei Alessandro.

18 1. d; 2. h; 3. f; 4. a; 5. c; 6. e; 7. b

20 2. Obwohl die Schüler und Schülerinnen nur eine Woche in Lecco geblieben sind, haben sie trotzdem viel gelernt. 3. Obwohl Dario zum ersten Mal im Ausland war, hatte er trotzdem kein Heimweh. 4. Obwohl das Wetter leider nicht so schön war, war der Ausflug trotzdem ein Erfolg. 5. Obwohl Maria viel zu tun hat, besucht sie trotzdem einen Deutschkurs. 6. Obwohl Maria ihre Gastfamilie nicht kennt, fühlt sie sich trotzdem wie zu Hause. 7. Obwohl ich schon einmal in Tirol war, möchte ich trotzdem am Sommercamp teilnehmen.

21 2. Es regnet. Trotzdem machen wir eine Wanderung. 3. Ich habe nicht so viel Geld. Trotzdem fliege ich im Sommer nach New York. 4. Maria ist müde. Trotzdem spielt sie mit den Kindern. 5. Maria spricht nicht so gut Deutsch. Trotzdem versteht sie alles. 6. Meine Eltern bezahlen das Sommercamp. Trotzdem möchte ich zu Hause bleiben. 7. Jonas ist faul. Trotzdem bekommt er gute Noten in der Schule. 8. Meine Eltern sind streng. Trotzdem verstehe ich mich gut mit ihnen.

22 2. Obwohl das Parken vor der Schule verboten ist, parkt der Schuldirektor dort. Das Parken vor der Schule ist verboten. Trotzdem parkt der Schuldirektor dort. 3. Obwohl Dario kein Deutsch spricht, will er in Berlin studieren. Dario spricht kein Deutsch. Trotzdem will er in Berlin studieren. 4. Obwohl ich keine große Wohnung habe, lade ich viele Leute ein. Ich habe keine große Wohnung. Trotzdem lade ich viele Leute ein. 5. Obwohl das Wetter nicht so schön ist, machen wir ein Picknick. Das Wetter ist nicht so schön. Trotzdem machen wir ein Picknick. 6. Obwohl die Busfahrt acht Stunden dauert, ist sie nicht anstrengend. Die Busfahrt dauert acht Stunden. Trotzdem ist die Busfahrt nicht anstrengend. 7. Obwohl die Kinder müde sind, geht Maria mit ihnen spazieren. Die Kinder sind müde. Trotzdem geht Maria mit ihnen spazieren. 8. Obwohl Kunal erst seit einem Jahr Deutsch lernt, hatte er keine Probleme in Salzburg. Kunal lernt erst seit einem Jahr Deutsch. Trotzdem hatte er keine Probleme in Salzburg.

Ich kann ...

Lesen

Im März 2015 waren die italienischen Schüler in Salzburg.
Die Schüler wohnen bei den Familien der österreichischen Schüler und Schülerinnen.

Hören

Wanderungen gemacht; Tiere beobachtet

▶ *Transkription*

Leo: *Wir waren insgesamt 18 Leute, Jungs und Mädchen. Und natürlich die zwei Betreuer, Mirko und Karen.*
Wir waren in einer kleinen Pension untergebracht. Da wir immer unterwegs waren, hatten wir Lunchpakete dabei.
Alle Aktivitäten hatten natürlich mit Natur und Naturschutz zu tun ... wir waren den ganzen Tag an der frischen Luft. Wir haben Wanderungen, und Fahrradtouren gemacht, Tiere beobachtet ...
Zum Glück war das Wetter immer schön. Es hat nie geregnet!

Lösungen Zwischenstation 11

Sprachferien

1 1. R; 2. F; 3. R; 4. F; 5. R; 6. R; 7. F; 8. F

3 1. F; 2. R; 3. R; 4. F; 5. R; 6. R; 7. F; 8. R

> *Transkription*
> Angestellte: *Futura Sprachreisen. Guten Tag, was kann ich für Sie tun?*
> Herr Wagner: *Ach, wissen Sie … meine Tochter möchte im Sommer eine Sprachreise nach Frankreich machen.*
> Angestellte: *Wie alt ist Ihre Tochter?*
> Herr Wagner: *Sie ist 15.*
> Angestellte: *Und seit wie vielen Jahren lernt sie Französisch?*
> Herr Wagner: *Seit drei Jahren.*
> Angestellte: *Ich kann Ihnen einen Kurs in Paris empfehlen. Drei Wochen, Unterbringung in einer kleinen Pension, Sprachkurs am Institut Francais.*
> Herr Wagner: *In Paris? Nein, nein … ich habe an einen Kurs in einer kleinen Stadt gedacht. Wissen Sie, es ist das erste Mal, dass meine Tochter alleine verreist und drei Wochen in Paris, in so einer Großstadt …*
> Angestellte: *Vielleicht haben Sie Recht … Mal sehen, was noch in diesem Katalog steht … ja, hier, zwei Wochen in Cannes, Unterbringung bei Gastfamilien, Gruppenfahrt mit Kursleiter.*
> Herr Wagner: *Tja, das klingt besser. Und wie teuer ist das?*
> Angestellte: *Also, zwei Wochen, Reise mit dem Bus, 15 Unterrichtsstunden pro Woche, Unterrichtsmaterial, Vollpension bei einer Gastfamilie, Exkursionen und Freizeitaktivitäten, alles inklusive, das macht 1150 Euro.*
> Herr Wagner: *Na ja, nicht gerade billig, aber ich glaube, das ist ideal für meine Tochter. Gut, ich buche gleich einen Platz.*
> Angestellte: *OK. Also, wir können das Anmeldeformular zusammen ausfüllen. Wie heißt Ihre Tochter?*
> Herr Wagner: *Susanne, Susanne Wagner …*

5 a 2; b –; c 5; d 3; e 1; f 4

6 typische Fremdsprachen: Englisch, Französisch, Latein, Spanisch, Russisch; historische Gründe, 2. Fremdsprache ist oft die Sprache des Nachbarlandes; Fremdsprachen sind für Erfolg im Berufsleben und die persönliche Entwicklung wichtig

Lektion 23 Damals in Österreich

Sprachhandlungen: einen Lebenslauf beschreiben, über einen Film sprechen, über Vergangenes sprechen, Zusammenfassungen schreiben
Strukturen: das Präteritum, Präteritum der regelmäßigen und unregelmäßigen Verben, Nebensätze mit *als* und *wenn*, das Plusquamperfekt

A Das Wunderkind aus Salzburg

1 **Einstieg in die Lektion:** L erklärt, dass alle abgebildeten Männer Komponisten sind. S betrachten die Fotos der österreichischen Komponisten. L zeichnet eine Zeitschiene an die Tafel und S stellen Vermutungen an, wann welcher Komponist gelebt hat. Anschließend machen S die Übung. Kontrolle im Plenum.

Wolfgang Amadeus Mozart; Joseph Haydn; Johann Strauss; Gustav Mahler; Anton Bruckner

2 **Hörverstehen:** L erklärt den Begriff *Wunderkind*, **indem er / sie Fragen stellt:** *Konntet ihr mit drei Jahren schon lesen und schreiben? Konntet ihr mit fünf Jahren schon ein Instrument spielen?* S wissen nun, was ein Wunderkind ist. S hören den Text zweimal und machen die Zuordnungsübung. Ergebnisse werden im Plenum verglichen.

1. c; 2. b; 3. b; 4. a; 5. b

▶ *Transkription*
Mozart wurde am 27. Januar 1756 in Salzburg, in der Getreidegasse, geboren.
Im Jahr 1760, als Mozart erst vier Jahre alt war, erhielt er von seinem Vater den ersten Musikunterricht. Er begann Klavier und Violine zu spielen.
Mit nur fünf Jahren, also 1761, komponierte der kleine Mozart seine ersten Stücke: ein Andante und ein Allegro.
Im Jahr 1762, als Mozart sechs war, gab er sein erstes Konzert. Er spielte in Wien vor Kaiserin Maria Theresia.
Von 1763 bis 1765 machte der kleine Mozart mit seinem Vater eine Tournee durch Deutschland und Westeuropa.
Im Jahr 1769 reiste Mozart nach Italien. In Rom spielte er vor dem Papst.
Im Jahr 1781 zog Mozart von Salzburg nach Wien. Hier komponierte er für Kaiser Joseph II.
Mozart heiratete im Jahr 1782 Constanze Weber.
Mozart schrieb seine bekannteste Oper, „Die Hochzeit des Figaro", im Jahr 1786.
Kurz vor seinem Tod im Jahr 1791 bekam Mozart den Auftrag, ein Requiem zu schreiben, das aber unvollendet blieb. Mozart starb am 5. Dezember 1791 in Wien.

3 **Einführung des Präteritums:** S hören noch einmal die Informationen über Mozarts Leben und lösen die Übung. Kontrolle im Plenum. L lenkt anschließend die Aufmerksamkeit auf die Verben. L verdeutlicht anhand eines Beispiels die Funktion des Präteritums. L kann die Zeitschiene aus Übung 1 noch einmal zur Hilfe nehmen.
→ Präteritum, S. 46

2. bekam / erhielt; 3. begann; 4. gab; 5. machte;
6. reiste; 7. spielte; 8. zog; 9. heiratete; 10. schrieb;
11. erhielt / bekam; 12. starb

▶ *Transkription*
siehe Übung 2

4 **Einführung des Präteritums von regelmäßigen und unregelmäßigen Verben:** L erklärt an zwei Beispielen die Bildung des Präteritums der regelmäßigen und unregelmäßigen Verben. Anschließend ordnen S die Verben aus Übung 3 in Einzelarbeit zu. Vergleich im Plenum. Weiterführend können S zu jedem Verb einen weiteren Satz überlegen und schreiben.
→ Präteritum, S. 46

regelmäßige Verben		unregelmäßige Verben	
Infinitiv	Präteritum	Infinitiv	Präteritum
machen	machte	kommen	kam
reisen	reiste	erhalten	erhielt
spielen	spielte	beginnen	begann
heiraten	heiratete	geben	gab
		ziehen	zog
		schreiben	schrieb
		bekommen	bekam
		sterben	starb

5 **Festigung der Präteritumformen:** S arbeiten in Kleingruppen und beantworten die Fragen. S machen Notizen. L geht durch die Klasse und gibt Hilfestellung bei der Bildung des Präteritums.

6 **Freies Sprechen:** Die Kleingruppen bereiten eine Präsentation über Mozarts Leben vor. L unterstützt die Gruppen bei der Ausarbeitung. Aus jeder Gruppe trägt ein / eine S die Präsentation vor.

> **TIPP:**
> Sie können auch stichpunktartige Lebensläufe der anderen Komponisten aus Übung 1 vorbereiten und an die Gruppen verteilen. So präsentiert jede Gruppe eine andere Person und die Übung wird abwechslungsreicher. ◄

7 **Freies Sprechen:** S betrachten das Filmplakat und stellen Vermutungen an. Anschließend lesen S die Inhaltsangabe zum Film. L stellt Fragen zum Verständnis wie: *Wann wurde der Film gedreht? Wo wurde der Film gedreht? Wie lange dauert der Film? Wer ist der Regisseur?* L gibt S dann die Gelegenheit über den Film zu sprechen. L kann auch weitere Sprechanreize anbieten und die Diskussion damit lenken.

8 **Vertiefung des Präteritums:** S unterstreichen die Verben im Präteritum in Übung 7.

arbeitete; spielte; wurde; versuchte; schrieb; machte; wurde; nutzte; bot; starb; konnte; erhielt

9 **Textproduktion:** S schreiben mit Hilfe der Vorgaben eine Zusammenfassung des Films. L geht dabei durch die Klasse und gibt ggf. Hilfestellung.

10 **Rollenspiel:** S spielen ein Interview in Partnerarbeit. Zur Vorbereitung liest L die Fragen vor und S beantworten die Fragen. L notiert die Antworten stichpunktartig an der Tafel. S interviewen sich gegenseitig. L achtet darauf, dass S die Rollen auch tauschen. Zur Kontrolle können einige Paare ihr Interview vorspielen.

> **Dazu passend: AB, Übung 1–11**

B Sisi und Franz

11 **Leseverstehen:** L kann zur Vorentlastung das Foto von Sisi zeigen und die sechs Überschriften an die Tafel schreiben. S sollen Vermutungen zu einzelnen Überschriften anstellen. S lesen dann die Texte und können anschließend Fragen zu unbekanntem Wortschatz stellen. L erklärt den Wortschatz. Anschließend lösen S die Übung. Zur Kontrolle liest S einen Textabschnitt und ordnet die passende Überschrift zu.

1. f; **2.** b; **3.** a; **4.** c; **5.** e; **6.** d

12 **Systematisierung der regelmäßigen und unregelmäßigen Verben im Präteritum:** L lenkt die Aufmerksamkeit auf die Bildung des Präteritums. Anschließend unterstreichen S die Verben in Übung 11 und ordnen sie in die Tabelle ein. L geht durch die Klasse und unterstützt bei Bedarf. Vertiefend kann L auch noch die Infinitive zu den Verben abfragen und aufschreiben lassen.
→ Präteritum, S. 46

regelmäßige Verben	unregelmäßige Verben
verbrachte	war
wählte	hatte
verliebte	bekam
heirateten	kam
liebte	starb
achtete	hielt
überprüfte	trieb
reiste	besaß

13 **Festigung der Präteritumformen:** L lässt S wiederholen, was ein Lebenslauf ist. S lesen den Lebenslauf von Sisi und besprechen mit L unklaren Wortschatz. Je zwei S lesen dann die Beispieldialoge laut vor. Anhand eines weiteren Beispiels erklärt L die Durchführung der Übung und weist auf den Nebensatz mit *als* hin. S sprechen in Partnerarbeit die verschiedenen Dialoge. L geht durch die Klasse und achtet auf die korrekten Präteritumformen und Nebensätze. Abschließend können S einige Dialoge im Plenum vorsprechen.
→ Nebensatz mit *als* und *wenn*, S. 46

> **Dazu passend: AB, Übung 12–17**

C Wie die Sachertorte entstand

14 **Hörverstehen:** S betrachten die Fotos und tauschen sich darüber im Plenum aus. L kann die Diskussion durch Fragen wie z. B. *Wer ist dieser Mann? Wie heißt er? Was für eine Torte ist das? Was glaubt ihr, wie die Torte schmeckt?* anregen. S lesen zuerst die Aufgaben 1-10 und L erklärt unbekannten Wortschatz. L erklärt, dass der Text zweimal angehört wird. Beim ersten Hören sollen S nur zuhören, beim zweiten Hören sollen S die Antworten markieren.

1. R; 2. F; 3. R; 4. F; 5. F; 6. F; 7. R; 8. F; 9. R; 10. R

▶ *Transkription*
Radiomoderatorin: *Guten Tag, liebe Zuhörerinnen und Zuhörer und herzlich Willkommen zu unserer Sendung: „Reise in die Vergangenheit". Wir schreiben heute das Jahr 1890 und wir befinden uns hier in Wien, im Café Sacher. Neben mir sitzt Franz Sacher, der Erfinder der Sachertorte. Grüß Gott, Herr Sacher.*
F. Sacher: *Grüß Gott!*
Radiomoderatorin: *Herr Sacher, Ihre Torte ist weltberühmt, ist sozusagen zum Wahrzeichen Wiens geworden. Können Sie uns erzählen, wie sie entstand?*
F. Sacher: *Also … es war das Jahr 1832. Fürst Metternich hatte zum Abendessen hochrangige Gäste eingeladen. Deshalb beauftragte er seine Köche, ein besonderes Dessert zu kreieren. Doch der Chefkoch wurde plötzlich krank und …*
Radiomoderatorin: *… Sie übernahmen die Aufgabe?*
F. Sacher: *Genau! Ich war damals 16 und noch Lehrling. Mit ein bisschen Fantasie und Kreativität erfand ich eine Schokoladentorte, der ich meinen Namen gab.*
Radiomoderatorin: *Und? Schmeckte sie den Gästen?*
F. Sacher: *Ja, die Torte schmeckte den Gästen sehr gut. Trotzdem schenkte man ihr vorerst keine weitere Beachtung. Später reiste ich nach Budapest, kehrte aber im Jahr 1848 nach Wien zurück und eröffnete einen Feinkostladen.*
Radiomoderatorin: *… und Sie verkauften dort Ihre Torte.*
F. Sacher: *Nein. Mein ältester Sohn Eduard absolvierte gerade eine Ausbildung bei Demel, der berühmten Konditorei. Und in dieser Zeit vollendete er die Sachertorte in der heute bekannten Form.*
Radiomoderatorin: *Die Sachertorte wurde also zunächst nur bei Demel angeboten.*
F. Sacher: *Ja. Aber Eduard gründete dann im Jahr 1876 das Hotel Sacher, wo wir hier jetzt sitzen, und verkaufte die Sachertorte weiter … Und? Möchten Sie jetzt ein Stück Sacher?*
Radiomoderatorin: *Aber gern …*
F. Sacher: *Herr Ober …*

15 **Hörverstehen:** L fordert S auf, den Lückentext zu lesen und die Lücken zu ergänzen. Einige Lücken werden sicher leer bleiben. L spielt dann den Text vor und S ergänzen dabei die Lücken und überprüfen, was sie bisher in die Lücken geschrieben haben. Zur Kontrolle wird der Text im Plenum vorgelesen. Zur Vertiefung der Formen im Präteritum können anschließend die Formen von S nochmals an die Tafel geschrieben werden und S ergänzen im Plenum den Infinitiv.

siehe Transkription

▶ *Transkription*
Es war das Jahr 1832. Fürst Metternich hatte zum Abendessen hochrangige Gäste eingeladen. Deshalb beauftragte er seine Köche, ein besonderes Dessert zu kreieren. Doch der Chefkoch wurde plötzlich krank und ich übernahm die Aufgabe.
Ich war damals 16 und noch Lehrling. Mit ein bisschen Fantasie und Kreativität erfand ich eine Schokoladentorte, der ich meinen Namen gab.
Die Torte schmeckte den Gästen sehr gut. Trotzdem schenkte man ihr vorerst keine weitere Beachtung. Später reiste ich nach Budapest, kehrte aber im Jahr 1848 nach Wien zurück und eröffnete einen Feinkostladen.
Mein ältester Sohn Eduard absolvierte gerade eine Ausbildung bei Demel, der berühmten Konditorei. Und in dieser Zeit vollendete er die Sachertorte in der heute bekannten Form. Die Sachertorte wurde also zunächst nur bei Demel angeboten. Aber Eduard gründete dann im Jahr 1876 das Hotel Sacher und verkaufte die Sachertorte weiter.

16 **Einführung Plusquamperfekt:** L liest den Beispielsatz laut vor und schreibt ihn an die Tafel und markiert anhand eines Zeitstrahls unter dem Satz die chronologische Folge der zwei Handlungen. S lösen die Aufgabe in Partnerarbeit. L geht durch die Klasse und kontrolliert die Durchführung der Übung. Zur Kontrolle schreiben S ihre Sätze an die Tafel. L erläutert anhand der Sätze die Bildung des Plusquamperfekts und des temporalen Nebensatzes mit *nachdem*. Kontrastiv

kann hier auch der temporale Nebensatz mit *bevor* eingeführt werden. Dafür können S die Sätze der Übung schriftlich umformen.
→ Plusquamperfekt, S. 46

2. Nachdem der Chefkoch krank geworden war, übernahm Franz Sacher die Aufgabe. 3. Nachdem Franz Sacher lange darüber nachgedacht hatte, erfand er eine köstliche Schokoladentorte. 4. Nachdem Franz Sacher eine neue Schokoladentorte erfunden hatte, gab er der Torte seinen Namen. 5. Nachdem Franz Sacher seine Schokoladentorte erfunden hatte, reiste er nach Budapest. 6. Nachdem Franz Sacher 1848 nach Wien zurückgekehrt war, eröffnete er einen Feinkostladen. 7. Nachdem Eduard Sacher bei Demel eine Ausbildung absolviert hatte, gründete er das Hotel Sacher. 8. Nachdem Eduard Sacher das Hotel Sacher eröffnet hatte, verkaufte er seine berühmte Kreation weiter.

17 **Vertiefung des Plusquamperfekts:** Zuerst sammelt L gemeinsam mit den S alle Informationen, die sie bisher über Franz Sacher und die Sachertorte bekommen haben an der Tafel. Anschließend arbeiten S in Gruppen und ergänzen die Sätze mit Hilfe der Informationen an der Tafel. Zur Kontrolle präsentiert jede Gruppe ihre vollständigen Sätze im Plenum. Diese Übung kann alternativ auch mit Fantasieergänzungen durchgeführt werden, die das spontane, freie Sprechen fördern.

18 **Hörverstehen:** L lenkt Aufmerksamkeit auf die Tabelle und die Fragen in der Tabelle und macht deutlich, dass S beim Hören die Informationen notieren sollen. S hören jedes Interview zweimal. Zur Kontrolle präsentieren einige S ihre Ergebnisse mit Hilfe ihrer Stichpunkte. Als Abschluss kann hier eine Schreibübung folgen, in der S selbst einen Text über Wien schreiben. Als Leitfaden können sie ihre Notizen aus der Tabelle benutzen.

Herkunft	Deutschland, Nürnberg	Italien, Mailand
Warum in Wien?	Kurzurlaub	Freunde besuchen
Wie lange in Wien?	ein paar Tage	ein paar Tage
Zum 1. Mal in Wien?	nein, zweites Mal	nein, drittes Mal
Eindrücke?	einmalige Stadt, wo die Zeit stehen geblieben ist	ruhige Stadt, keine Hektik, schöne Gebäude
Sehenswürdigkeiten?	Stephansdom, Schönbrunn, Kunsthistorisches Museum	Schönbrunn, Stephansdom, Hofburg, Prater
Sachertorte?	im Hotel Sacher gegessen	typisch wienerisch
Souvenirs?	Sachertorte	Mozartkugeln

▶ *Transkription*

Interviewer: *Hallo … Entschuldigung … darf ich Sie etwas fragen?*
Mann: *Wieso?*
Interviewer: *Wir machen eine Umfrage und möchten wissen, wie Touristen Wien finden.*
Mann: *Ach so, dann gerne.*
Interviewer: *Woher kommen Sie?*
Mann: *Ich komme aus Deutschland, aus Nürnberg.*
Interviewer: *Und was machen Sie hier in Wien?*
Mann: *Ich mache einen Kurzurlaub mit meiner Freundin … wir sind vorgestern angekommen.*
Interviewer: *Und wie lange bleiben Sie noch?*
Mann: *Nicht lange. Morgen geht es schon wieder nach Hause zurück.*
Interviewer: *Sind Sie zum ersten Mal hier in Wien?*
Mann: *Nein, ich war schon einmal hier, aber das ist so lange her, das war vor … 10 … 11 Jahren.*
Interviewer: *Und wie gefällt Ihnen die Stadt?*
Mann: *Wien ist immer eine Reise wert. Es ist eine einmalige Stadt. Manchmal hat man den Eindruck, dass die Zeit hier stehen geblieben ist. Man sitzt in einem Café und jederzeit könnte Sisi hereinkommen und sich zu dir an den Tisch setzen …*
Interviewer: *Was haben Sie bisher schon gesehen?*
Mann: *Wir waren natürlich im Stephansdom, im Schloss Schönbrunn und morgen wollen wir uns das Kunsthistorische Museum anschauen.*
Interviewer: *Waren Sie schon in einem Kaffeehaus?*
Mann: *Klar! Wir waren schon bei Demel und im berühmten Hotel Sacher.*
Interviewer: *Und natürlich haben Sie ein Stück Sacher gegessen …*
Mann: *Wenn man in Wien ist, muss man einfach die Sachertorte probieren. Sie ist die ideale Begleitung zu einer Melange, so heißt hier in Wien die typische Tasse Kaffee.*
Interviewer: *Und was nehmen Sie als Souvenir mit nach Hause?*

Mann: *Eine Sachertorte, was sonst?*
Interviewer: *Vielen Dank für das Interview.*

Interviewer: *Hallo, darf ich Sie was fragen?*
Frau: *Wie bitte?*
Interviewer: *Sprechen Sie Deutsch?*
Frau: *Ein bisschen, nicht sehr gut.*
Interviewer: *Woher kommen Sie?*
Frau: *Ich komme aus Italien, aus Mailand.*
Interviewer: *Sie sprechen aber gut Deutsch … Wir machen gerade eine Umfrage und möchten wissen, wie Touristen Wien finden.*
Frau: *Wunderschön! Einfach toll und … sehr romantisch.*
Interviewer: *Warum Sind Sie hier in Wien?*
Frau: *Ich besuche meine Freundin. Wir kennen uns schon lange. Ich bleibe ein paar Tage bei ihr.*
Interviewer: *Dann sind Sie nicht zum ersten Mal hier in Wien.*
Frau: *Nein, nein, das ist das … äh … dritte Mal, dass ich nach Wien komme.*
Interviewer: *Und was gefällt Ihnen an Wien?*
Frau: *Die Atmosphäre vor allem. Wien ist zwar eine Großstadt, ist aber anders als andere Großstädte wie zum Beispiel Mailand, Berlin oder London …*
Interviewer: *Und wieso?*
Frau: *Hier ist alles so ruhig. Es herrscht keine Hektik. Mir gefallen die schönen, alten Gebäude, die an die Zeit der Donau-Monarchie erinnern …*
Interviewer: *Sie sind schon zum 3. Mal hier in Wien. Dann haben Sie schon fast alles gesehen.*
Frau: *Ja, die wichtigsten Sehenswürdigkeiten kenne ich schon: Schloss Schönbrunn, die Hofburg, Stephansdom und natürlich den Prater!*
Interviewer: *Was würden Sie als typisch wienerisch bezeichnen?*
Frau: *Die Sachertorte, klar! Diese Schokoladentorte ist einfach köstlich. Wer nach Wien kommt und die Sachertorte nicht probiert, der verpasst was!*
Interviewer: *Nehmen Sie also eine Sachertorte als Souvenir mit nach Hause?*
Frau: *Diesmal nicht, diesmal nehme ich eine Schachtel Mozartkugeln mit. Ja, ich weiß, Mozartkugeln werden in Salzburg hergestellt. Aber Mozart und seine Musik gehören einfach zu Wien …*
Interviewer: *Vielen Dank, und viel Spaß noch in Wien.*

❯ **Dazu passend: AB, Übung 18–23**

Landeskunde

Die Texte stellen drei Städte in Österreich mit ihren Besonderheiten und Sehenswürdigkeiten vor. L kann eine Karte von Österreich mitbringen oder die Karte auf der Umschlagseite des Kursbuches benutzen. S suchen die drei Städte auf der Karte und beschreiben deren Lage. L kann Informationen zu weiteren Städten in Österreich (Linz, Klagenfurt, Graz) oder Regionen (Tirol, Kärnten, Steiermark) mit in den Unterricht bringen. Eine weitere Ergänzung wären Kochrezepte oder Musik (Falco, Christina Stürmer) aus Österreich vorzustellen.

a Wien; **b** Salzburg; **c** Innsbruck

Lösungen Arbeitsbuch

1 2. ein Konzert geben; 3. eine Tournee machen; 4. eine Sinfonie schreiben; 5. einen Auftrag bekommen; 6. zur Welt kommen; 7. von Salzburg nach Wien ziehen; 8. an einer Komposition arbeiten; 9. aus dem Gedächtnis spielen; 10. nach Italien reisen

2 2. Mozart gab ein Konzert vor dem Papst. 3. Mozart machte eine Tournee durch Deutschland. 4. Mozart schrieb viele Sinfonien. 5. Kurz vor seinem Tod bekam Mozart einen Auftrag. 6. Mozart kam in Salzburg zur Welt. 7. Mozart zog von Salzburg nach Wien. 8. Mozart arbeitete an einer Komposition. 9. Schon als Kind konnte Mozart Musikstücke aus dem Gedächtnis spielen. 10. Mozart reiste als Kind nach Italien.

3 kommen; erhalten; beginnen; komponieren; bekommen; bleiben; sterben; geben; spielen; schreiben; machen; ziehen; heiraten

4

	reisen	heiraten	kommen
ich	reiste	heiratete	kam
du	reistest	heiratetest	kamst
er, es, sie	reiste	heiratete	kam
wir	reisen	heiraten	kamen
ihr	reist	heiratet	kamt
sie, Sie	reisen	heiraten	kamen

	schreiben	beginnen	geben
ich	schrieb	begann	gab
du	schriebst	begannst	gabst
er, es, sie	schrieb	begann	gab
wir	schrieben	begannen	gaben
ihr	schriebt	begannt	gabt
sie, Sie	schrieben	begannen	gaben

7 2. Aber als er klein war, sprach er kein Italienisch. 3. Aber als er klein war, las er nie. 4. Aber als er klein war, fuhr er oft nach München. 5. Aber als er klein war, hörte er nie klassische Musik. 6. Aber als er klein war, ging er nie gern zu Fuß.

8 1. blieb; 2. studierte; 3. zogen; 4. schrieb; 5. hatte

9 1. Brüder Grimm; 2. Ludwig van Beethoven; 3. Johann Wolfgang Goethe; 4. Romy Schneider; 5. Ludwig van Beethoven; 6. Johann Wolfgang Goethe; 7. Ludwig van Beethoven; 8. Romy Schneider; 9. Johann Wolfgang Goethe; 10. Lise Meitner

10 wurde; besuchte; machte; zog; fing an; lernte kennen; verliebte; studierte; verbrachten; promovierten; begannen; kam

11 ▶ *Transkription*
Ich wurde im Jahr 1956 in Freiburg geboren. Ich besuchte das Einstein-Gymnasium. Im Jahr 1975 machte ich das Abitur. Dann zog ich nach Mainz. Dort fing ich an, Germanistik zu studieren. Im Jahr 1978 lernte ich Birgit kennen. Ich verliebte mich sofort in sie. Sie studierte auch Germanistik. Seitdem verbrachten wir viel Zeit zusammen. Im Jahr 1982 promovierten wir. Dann begannen wir, an einer Privatschule zu unterrichten. Drei Jahre später kam unsere Tochter Susanne zur Welt.

12 1. wohnte; 2. verbrachte; 3. träumte; 4. trafen; 5. verliebten; 6. heirateten; 7. kam; 8. brachte; 9. trieb, hielt; 10. ging; 11. tötete

13 Frau Bauer ging in der Stadt spazieren, als sie Frau Fischer traf. Sie begrüßten sich herzlich und beschlossen etwas trinken zu gehen. Frau Bauer und Frau Fischer erzählten von ihrer Arbeit und ihren Familien. Als der Kellner kam, bestellten sie zwei Tassen Kaffee. Dann verabschiedeten sie sich voneinander. Frau Bauer stieg in den Bus ein und fuhr nach Hause.

16 1. Als; 2. Als; 3. wenn; 4. Wenn; 5. wenn; 6. Als; 7. Wenn; 8. Als; 9. Wenn

17 2. Kevin ging immer spazieren, wenn das Wetter schön war. 3. Wenn es regnete, blieb er zu Hause. 4. Kevin hörte immer Musik, wenn er Hausaufgaben machte. 5. Eines Tages, als Kevin seine Hausaufgaben machte, ging der MP3-Player kaputt. 6. Letztes Jahr, als die Schule zu Ende war, fuhr Kevin ans Meer.

18 Es war das Jahr 1832. Metternich lud hochrangige Gäste zum Abendessen ein und bat seinen Chefkoch, ein besonderes Dessert zu kreieren. Der Koch wurde plötzlich krank. Der Lehrling Franz Sacher übernahm also die Aufgabe und kreierte eine köstliche Schokoladentorte. Die Torte schmeckte den Gästen sehr gut. Franz Sacher gab der Torte seinen Namen. Kurz danach reiste Franz Sacher nach Budapest und verbrachte einige Jahre dort. Als er im Jahr 1848 zurückkam, eröffnete er einen Feinkostladen. Sein Sohn Eduard wollte auch Konditor werden und machte eine Ausbildung bei der Konditorei Demel. Hier verfeinerte er die Sachertorte. Eduard machte sich dann selbstständig und eröffnete ein Hotel. In diesem Hotel verkaufte er weiter „seine" Sachertorte.

Lösungen Arbeitsbuch

19 2. Nachdem ich Französisch gelernt habe, fahre ich nach Frankreich. 3. Nachdem die Polizei mit dem Räuber gesprochen hat, lässt der Räuber die Geiseln frei. 4. Nachdem ich mit Professor Müller gesprochen habe, gehe ich zum Schuldirektor. 5. Nachdem Daniel Lena angerufen hat, lädt er sie ins Kino ein. 6. Nachdem ich ein Fahrrad gekauft habe, mache ich eine Fahrradtour.

20 2. Bevor ich beginne Biologie zu studieren, muss ich zuerst das Abitur machen. 3. Bevor ich nach Deutschland fahre, will ich zuerst Deutsch lernen. 4. Bevor ich ausgehen darf, muss ich zuerst meine Hausaufgaben machen. 5. Bevor Anna nach Paris fliegt, muss sie zuerst ein Hotel in Paris reservieren. 6. Bevor die Schüler eine Klassenarbeit schreiben, lernen die Schüler zuerst fleißig. 7. Bevor ich mit den Hausaufgaben anfange, sehe ich zuerst eine halbe Stunde fern. 8. Bevor ich zum Arzt gehe, rufe ich zuerst an und mache einen Termin aus.

21 2. Als ich klein war, wollte ich immer spielen. 3. Immer wenn ich von der Schule zurückkam, traf ich Karin. 4. Immer wenn ich Geburtstag hatte, gab ich eine Party. 5. Nachdem Mario drei Monate in Deutschland war, sprach er gut Deutsch. 6. Als der erste Mensch auf dem Mond landete, war mein Onkel 10 Jahre alt. 7. Nachdem Timo anrief, bekam Anna eine Einladung. 8. Als Anna Timo sah, gab sie ihm einen Kuss.

22

Name:	Marcel Dupret
Herkunft:	Marseille, Frankreich
Seit wann in Wien:	eine Woche
Wie lange in Wien:	4 Wochen
Warum in Wien:	Deutschkurs an der Universität
Eindrücke:	sehr schön, viel zu sehen, kein gutes Deutsch, unverständlicher Dialekt
Sehenswürdigkeiten:	Schloss Schönbrunn, UNO-City
Spezialitäten:	Sachertorte, Melange
Souvenirs:	Buch über Sisi

▶ *Transkription*

Interviewer: *Hallo, darf ich dich was fragen? Wir machen gerade eine Umfrage.*
Mann: *Wie bitte? Nicht so schnell. Ich bin Franzose, aus Marseille, und spreche nicht so gut Deutsch.*
Interviewer: *Doch, du sprichst gut Deutsch. Wie heißt du?*
Mann: *Ich heiße Marcel, Marcel Dupret.*
Interviewer: *Und was machst du hier in Wien, Marcel?*
Mann: *Ich besuche einen Deutschkurs an der Universität.*
Interviewer: *Wie lange bleibst du hier in Wien?*
Mann: *Ich bin letzte Woche angekommen. Der Kurs dauert vier Wochen. Also, noch drei Wochen, bis Ende des Monats.*
Interviewer: *Und wie gefällt dir die Stadt?*
Mann: *Wien ist sehr schön! Es gibt so viel zu sehen. Aber ich bin hier hauptsächlich wegen der Sprache und ich muss sagen, dass man hier kein so gutes Deutsch spricht … der Wiener Dialekt ist wirklich unverständlich …*
Interviewer: *Ich verstehe … Du sagst, es gibt hier so viel zu sehen. Was hast du schon gesehen?*
Mann: *Na ja, wir gehen heute ins Schloss Schönbrunn. Gestern haben wir eine Führung in der UNO-City gemacht, sehr interessant. Nächste Woche machen wir einen Ausflug nach Salzburg.*
Interviewer: *Marcel, warst du schon in einem Café?*
Mann: *Natürlich! Es gibt hier so viele schöne Cafés!*
Interviewer: *Warst du schon mal bei Demel?*
Mann: *Nein, nein! Demel ist zwar schön als Café-Konditorei, aber es gibt auch andere Cafés, die für uns Studenten nicht so teuer sind. Dort bekommt man auch köstliche Torten und Kaffeespezialitäten.*
Interviewer: *… Sachertorte!*
Mann: *Klar! Die Sachertorte ist meine Lieblingstorte. Dazu trinke ich immer eine Melange. Ja, Sacher und Melange, typisch Wien.*
Interviewer: *Und was bringst du als Souvenir mit nach Hause?*
Mann: *Meine Mutter ist ein Sisi-Fan. Ich werde ihr ein Buch über Sissi mitbringen.*
Interviewer: *Danke, Marcel. Ich wünsche dir noch eine schöne Zeit in Wien.*
Mann: *Vielen Dank!*

Wortschatztraining

c

1. Feinkostladen; 2. Sacher; 3. Wien; 4. neidisch; 5. Welt; 6. erfinden; 7. entstehen; 8. Blick; 9. Kindheit; 10. Requiem; 11. beauftragen; 12. Mozart; 13. Konditorei; 14. vollenden; Lösungswort: Kaiserschmarrn

Lektion 24 **Die Welt von morgen**

Sprachhandlungen: Zukunftspläne, über eine Romanhandlung sprechen, über Umweltschutz sprechen, über alternative Technologien sprechen
Strukturen: das Verb *werden*, das Futur I, Passiv – Aktiv, Sätze mit *statt … zu* und *stattdessen*

A Zukunftsvisionen

1 Zum Einstieg ins Thema betrachten S die Bilder. L fordert S auf, die Bilder zu beschreiben. L kann zur Unterstützung Fragen stellen: Zu Bild A: *Warum sehen diese Menschen alle gleich aus? Sind sie Zwillinge?* Zu Bild B: *Wie lange dauert der Flug von Berlin nach Sidney? Ist es realistisch, die Strecke nach Sydney in zwei Stunden zurückzulegen?* Zu Bild C: *Warum stehen diese Menschen Schlange? Worauf warten sie? Ist ihr Leben einfach? Warum nicht?* Zu Bild D: *Was ist Besonderes an diesem Auto? Wie viel Benzin verbraucht dieses Auto?* Zu Bild E: *Was ist an diesen Lebensmitteln besonders? Was bedeutet Gen-Food?* S lesen dann die Texte und machen die Zuordnungsübung. Anschließend werden die Ergebnisse im Plenum verglichen.

  1. B, Die Zukunft des Reisens; 2. D, Das umweltfreundliche Auto; 3. A, Genetisch identische Menschen; 4. E, Das Essen der Zukunft; 5. C, Wasserknappheit

2 **Freies Sprechen:** S arbeiten in 5er-Gruppen und lesen je einen Text aus Übung 1. Dann berichtet je ein / eine S aus jeder Gruppe über den Text. Die anderen S stellen Fragen zu den Präsentationen.

3 **Einführung des Futur I:** S unterstreichen alle Futur-Formen in den Texten aus Übung 1. Kontrolle im Plenum.
→ Das Verb *werden*, S. 58

4 **Einführung des Futur I:** S erarbeiten sich in Partnerarbeit die Struktur *werden* + Infinitiv, insbesondere den Satzbau im Nebensatz. S markieren dazu in den Sätzen das Verb *werden* in Rot und in Blau den Infinitiv. Ein / eine S präsentiert die Struktur im Plenum. L kann dabei unterstützen.
→ Futur I, S. 58

5 **Vertiefung des Futur I:** S führen die Übung in Partnerarbeit durch. Anschließend werden die Ergebnisse im Plenum vorgetragen. Weiterführend können S die Sätze auch aufschreiben und anschließend das Verb *werden* in Rot und den Infinitiv in Blau markieren.

  Die Menschen werden 100 Jahre alt werden. Die Umwelt wird noch verschmutzter sein. Man wird mit schnellen Jets reisen. Mediziner werden ein Heilmittel gegen AIDS entdecken. Das Ozonloch wird noch größer werden. Es wird genmanipulierte Nahrungsmittel geben. Das Trinkwasser wird noch knapper sein. Acht Milliarden Menschen werden auf der Erde leben.

6 **Freies Sprechen:** S sollen in dieser Übung auf ihre eigenen Pläne und Zukunftswünsche eingehen. S unterhalten sich in kleinen Gruppen. Die Sprechblasen bieten Anregungen. Wenn eine Gruppe nicht ins Gespräch kommt, kann L mit Fragen wie z. B. *Wie alt wirst du im Jahr 2030 sein? Wo wirst du leben? Was wirst du arbeiten?* unterstützend eingreifen.

7 **Leseverstehen:** L fragt S, was für Visionen Jules Verne gehabt haben könnte und welchen Beruf er wohl hatte. Dadurch kann der Inhalt des Textes vorweggenommen bzw. antizipiert werden. S lesen den Text leise. Anschließend klärt L unbekannten Wortschatz. S beantworten nun die Fragen in Partnerarbeit. Dann werden die Ergebnisse im Plenum vorgetragen und verglichen.

  1. Sie handeln von U-Booten, von Weltraumkapseln und Reisen in ferne Länder. 2. Vernes Geschichten basieren auf Nachforschungen und Experimenten. Verne beschrieb alles ganz detailliert. 3. Er schrieb über 90 Romane.

8 **Freies Sprechen:** L macht S auf die drei Buchtitel aufmerksam und fragt, wer die Bücher kennt. Dann fordert L S auf, Punkte zum Beschreiben eines Buchinhalts zu nennen. L notiert die Punkte an der Tafel. Anschließend suchen S in Kleingruppen die passenden Informationen zu je einem Roman im Internet.

Anschließend gestaltet jede Gruppe eine Präsentation und präsentiert ihren Roman im Plenum.

› Dazu passend: AB, Übung 1–10

B Die Welt um uns

9 **Einführung von Wortschatz zum Thema Umweltschutz:** S sollen für jedes Wort eine Übersetzung finden. Dabei werden die unbekannten Wörter unter den S aufgeteilt. S können für die Aufgabe (Online-)Wörterbücher zur Hilfe nehmen. Vergleich im Plenum. Anschließend formulieren S in Gruppenarbeit kurze eigene Definitionen für alle Begriffe. Die zusammengestellten Erklärungen werden dann im Klassenspaziergang vorgestellt.

10 **Vertiefung des Wortschatzes:** S ordnen in Partnerarbeit die Wörter aus Übung 9 zu. Anschließend Vergleich im Plenum. Eine Diskussion zur Zuordnung ist eine gute Gelegenheit, den Wortschatz anzuwenden und zu vertiefen.

> **gut für die Umwelt:** Ökobewegung, Mülltrennung, Recycling, Windenergie, Bioprodukte, Sonnenkollektoren, Umweltpolitik, öffentliche Verkehrsmittel
> **schlecht für die Umwelt:** Ozonloch, Luftverschmutzung, Treibhauseffekt, Plastikflaschen, Klimawandel

11 **Freies Sprechen:** L lässt Sätze der Umfrage von S vorlesen und unterstützt ggf. S interviewen sich gegenseitig zu den Sätzen im Partnerinterview. L bereitet Poster mit den Sätzen der Umfrage vor und S übertragen danach ihre Ergebnisse als Strichliste. L fordert S nun auf, über das Ergebnis der Umfrage zu diskutieren. Die Redemittel in der Sprechblase helfen.

12 **Einführung des Passivs:** Zwei S lesen den Beispieldialog vor. Anschließend fragen sich S in Partnerarbeit gegenseitig und nutzen dafür den Wortschatz aus Übung 11. L geht durch die Klasse und unterstützt. Anschließend notiert L einen weiteren Dialog an der Tafel. Anhand des Beispiels erläutert L die Bildung des Passivs. L kann an dieser Stelle auf die Rubrik *Grammatik auf einen Blick* verweisen. Zur Weiterführung können S die Sätze aufschreiben.
→ Passiv – Aktiv, S. 59

13 **Einführung von *statt … zu* und *stattdessen*:** L liest das Beispiel vor und erklärt den Unterschied zwischen *statt … zu* (Infinitivsatz wie *um … zu*) und *stattdessen* (Inversion folgt!). L macht S darauf aufmerksam, dass *statt … zu* / *stattdessen* dasselbe bedeuten, aber eine andere Struktur haben. S führen die Übung in Partnerarbeit durch. Anschließend Vergleich im Plenum.
→ Sätze mit *statt … zu* und *stattdessen*, S. 59

14 **Freies Sprechen:** S lesen die Aufgaben und die Ausschreibung. L erklärt unbekannten Wortschatz. S sollen nun in Partnerarbeit über die Ausschreibung sprechen und eigene Ideen entwickeln. Die Redemittel in den Sprechblasen helfen. Anschließend können einige S ihre Diskussion vorspielen.

15 **Vertiefung des Passivs:** L liest Beispieldialog vor. Anschließend befragen sich S gegenseitig in Partnerarbeit und benutzen dabei den Wortschatz aus Übung 14. L geht durch die Klasse und unterstützt S bei der Übung.

16 **Hörverstehen:** S hören die Texte zweimal. L stoppt die Aufnahme nach jeder Stellungnahme, um S Zeit für Notizen zu geben. Anschließend berichten S mit Hilfe der gesammelten Informationen über die drei Jugendlichen.

> **Sebastian:** fährt täglich mit dem Fahrrad zur Schule; Fahrrad vermeidet schädliche Abgase; ist das umweltfreundlichste Verkehrsmittel
> **Lisa:** verwendet Plastikflaschen, die wiederverwendet werden können; ist sparsam mit Wasser; dreht beim Zähneputzen das Wasser ab; duscht nur kurz; sammelt Regenwasser zum Pflanzen gießen
> **Mark:** findet Recycling wichtig; findet Mülltrennung wichtig; wählt Produkte mit wenig Verpackung

▶ *Transkription*
Sebastian: *Natürlich tue ich schon etwas Gutes für die Umwelt! Ich fahre täglich mit dem Fahrrad zur Schule, zu Freunden oder zum Einkaufen. Dadurch werden schädliche Abgase vermieden. Das Fahrrad ist nämlich das energiesparendste und günstigste Verkehrsmittel überhaupt. Die meisten Wege, die man jeden Tag zurücklegt, sind zwischen drei und fünf Kilometer lang. Das sind Strecken, die jeder sehr gut schafft, ohne dafür besonders trainiert zu sein. Wenn ich längere Strecken zurücklegen muss, dann kombiniere ich meine Touren mit öffentlichen*

Verkehrsmitteln wie Bussen und Bahnen. Ich fahre zu der gewünschten Haltestelle und steige dann in den Bus oder die Bahn ein.

Jugendliche: *Wenn ich Wasser aus einer Flasche trinke, verwende ich die Flasche wieder, d.h. bei uns zu Hause werden nur Getränke in Pfandflaschen gekauft. Aber wir trinken sowieso meistens Leitungswasser. Außerdem habe ich gelernt, sparsam mit Wasser umzugehen. Die kleinen Dinge können einen großen Unterschied machen. Ich drehe zum Beispiel das Wasser ab, während ich die Zähne putze, oder ich bleibe nicht ewig unter der Dusche. Im Garten haben wir einen großen Behälter für das Regenwasser. Dieses Wasser benutzen wir, um Blumen und Pflanzen zu gießen.*

Jugendlicher: *Ich finde Recycling sehr wichtig! Dadurch kann man die Umweltverschmutzung reduzieren. Ich sehe oft Leute, die ihre Limo- oder Bierdose in den falschen Abfall geben, nur weil der richtige einige Schritte weiter weg ist. Oder sie lassen die Dose einfach auf den Boden fallen. Wenn ich die Wahl zwischen zwei Produkten habe, dann wähle ich immer das Produkt mit weniger Verpackung.*

› Dazu passend: AB, Übung 11–16

C Nachhaltige Ressourcennutzung

17 Leseverstehen: L fordert S auf, das Foto zu beschreiben. S sollen dann den Titel und die Zwischenüberschriften des Artikels lesen und Vermutungen äußern. S bearbeiten dann in Gruppen einen der drei Textabschnitte. Dabei können (Online-)Wörterbücher genutzt werden. L fragt S anschließend nach den drei wichtigsten Wörtern ihres Textabschnitts und notiert diese an der Tafel. S präsentieren sich mithilfe der drei Wörter ihre Textabschnitte gegenseitig. L kann dabei unterstützende Fragen stellen. S lösen dann in Partnerarbeit die Aufgabe. Kontrolle im Plenum.

1. R; 2. F; 3. F; 4. F; 5. R; 6. R; 7. R; 8. F

18 Vertiefung Futur I: L liest die Sätze in der Sprechblase vor und weist S darauf hin, dass es Hauptsätze im Präsens sind. L schreibt den ersten Satz im Futur I und mit Nebensatz an die Tafel und erläutert noch einmal die Satzstellung im Nebensatz. Anschließend schreiben S die weiteren Sätze. Kontrolle der Sätze im Plenum.

Der Journalist sagt, dass die Müllstrudel aus Plastik jedes Jahr weiter wachsen werden. …, dass für das Projekt noch Investoren gesucht werden. …, dass Günther Bonin in Zukunft das dritte Schiff „See-Elefant" bauen wird. …, dass Plastikmüll noch lange die Weltmeere verschmutzen wird. …, dass die Müllabfuhr im Meer eine Lösung des Problems sein wird.

19 Freies Sprechen: L fordert S auf, sich das Bild zu zweit anzuschauen und zu dem Thema Windräder und Windparks zu recherchieren. S bearbeiten die einzelnen Punkte in Partnerarbeit und präsentieren ihr Ergebnis dann in der Klasse.
L und S können zu den Präsentationen Rückfragen stellen.

20 Detailverstehen: L fordert S auf, die Satzanfänge zu lesen. Dann hören S das Interview zweimal und ergänzen beim Hören die Sätze. L kann auch beim zweiten Hören an den entsprechenden Stellen die Aufnahme anhalten, um S Zeit zum Schreiben zu geben. Vergleich im Plenum.

Ein Windpark ist eine Ansammlung von Windrädern in windreichen Regionen. Offshore-Anlagen sind Windanlagen auf dem offenen Meer. Der größte Offshore-Park liegt in der Nordsee. Der erzeugte Strom wird in das allgemeine Stromnetz eingespeist. Windparks auf dem offenen Meer sind vorteilhaft, weil der Wind auf offener See stetiger und kräftiger bläst. Eine Offshore-Anlage kann genug Strom produzieren, um über 100.000 Haushalte mit Strom zu versorgen. Windenergie ist zwar klimaschonend, aber es gibt auch hier Probleme.

▶ *Transkription*

Interviewer: *Professor Schröder, darf ich Ihnen ein paar Fragen zum Thema Wind-Anlagen stellen?*
Professor: *Bitte sehr.*
Interviewer: *Was ist eigentlich ein Windpark?*
Professor: *Ein Windpark ist eine Ansammlung von Windrädern in windreichen Regionen.*
Interviewer: *Und was sind Offshore-Anlagen?*
Professor: *Das sind Windanlagen auf dem offenen Meer.*
Interviewer: *Welche sind die größten Offshore-Parks in Deutschland?*

Professor: *In der Ostsee gibt es z.B. bei Warnemünde eine Offshore-Anlage, die sich in 500 Metern Entfernung von der Küste befindet. In der Nordsee, vor der Insel Borkum, ist auf einer Fläche von 6 km² ein riesiger Offshore-Windpark entstanden.*
Interviewer: *Und wie liefern Offshore-Windparks ihre Energie?*
Professor: *Über Seekabel wird die Energie an die Küste geliefert. Dort wird die Energie in das allgemeine Stromnetz eingespeist.*
Interviewer: *Warum Windparks auf offenem Meer?*
Professor: *Auf dem Festland sind viele windreiche Regionen schon mit Windrädern zugepflastert. Außerdem bläst der Wind auf offener See stetiger und kräftiger.*
Interviewer: *Lohnt es sich, Windparks zu errichten?*
Professor: *Absolut!*
Interviewer: *Wie viel Strom produziert ein Windpark?*
Professor: *Eine Offshore-Anlage mit 30-34 Windrädern kann über 100.000 Haushalte mit Strom versorgen!*
Interviewer: *Haben Offshore-Windparks keine Auswirkungen auf die Umwelt?*
Professor: *Obwohl die Stromerzeugung durch Windkraft klimaschonend ist, gibt es auch hier einige Probleme. Der Bau der Fundamente der Windräder verursacht viel Lärm. Naturschützer sorgen sich um die Tiere, die in der Nähe leben. Die großen Rotoren der Anlagen stellen eine Gefahr für die Vögel dar. Es ist schon mal passiert, dass es zu Kollisionen zwischen Vögeln und Windrädern gekommen ist. Aber im Großen und Ganzen überwiegen die Vorteile.*
Interviewer: *Danke für das Gespräch Herr Schröder.*

❯ Dazu passend: AB, Übung 17–19

Landeskunde

S erhalten einen Text mit Informationen zur Partei Bündnis 90 / Die Grünen. Zum Einstieg in das Thema können auch die weiteren deutschen Parteien genannt werden und deren Positionen im Vergleich zu den Grünen erklärt werden. L kann an dieser Stelle verschiedene Rechercheaufträge zum deutschen Parteiensystem verteilen.

Gründung der Partei: Ende der 1970er Jahre
Damalige Umweltsituation: verwüstete Natur, Betonierung der Landschaft, Wegwerfgesellschaft
Ziele der Partei: Stopp der Atomkraft, Schutz von seltenen Pflanzen und Tieren, Bildungspolitik, soziale Gerechtigkeit
„Fundis" gegen „Realos": Fundis lehnen eine Beteiligung an der politischen Macht ab, Realos wollen ihre Ideen durch die Arbeit in einer Regierung umsetzen.
Rot-grüne Koalition: 1998 bildeten sie die erste rot-grüne Koalition der Bundesrepublik.

Grammatik auf einen Blick

In dieser Lektion wird das Futur I eingeführt. Deshalb wird das Verb *werden* an dieser Stelle nochmals aufgenommen. Es bietet sich an, die verschiedenen Bedeutungen von *werden* nochmals aufzugreifen, um die Bedeutung im Futur I zu verdeutlichen. Das Passiv wird an dieser Stelle eingeführt. Das Passiv wird an dieser Stelle nur im Präsens eingeführt.

Wortschatz: Das ist neu!

In diesem Kapitel lernen S Wortschatz zu den Themen Zukunftsvisionen, Umweltschutz, Umweltverschmutzung und neue Technologien kennen.

Lösungen Arbeitsbuch

1 2. entdecken; 3. reisen; 4. bauen; 5. machen; 6. essen; 7. länger leben; 8. wichtiger als Erdöl sein

3

	werden
ich	werde
du	wirst
er, es, sie	wird
wir	werden
ihr	werdet
sie, Sie	werden

5 1. wird; 2. wirst; 3. werde; 4. werden; 5. wird; 6. werden; 7. werden; 8. werden; 9. werdet

6 2. Sie werden finanzielle Probleme haben. 3. Sie wird Dolmetscherin werden. 4. Sie wird keine Lust haben. 5. Er wird die Grippe haben. 6. Sie wird eine Diät machen.

7 2. Ja / Nein, ich werde (k)eine Party geben. 3. Ich werde die Oma morgen (nicht) anrufen. 4. Ich werde Markus morgen (nicht) treffen. 5. Sie werden morgen (nicht) nach Italien fahren. 6. Sie werden morgen (nicht) ankommen.

8 2. Ich glaube (nicht), dass sie nach dem Abitur Medizin studieren wird. 3. …, dass wir in einer friedlichen Welt leben werden. 4. …, dass es in Zukunft keine Kriege mehr geben wird. 5. …, dass Tobias in New York leben wird. 6. …, dass wir in Zukunft nur genmanipulierte Lebensmittel essen werden. 7. …, dass jeder Schüler und jede Schülerin einen Laptop haben wird. 8. …, dass die Meiers nach Italien fahren werden.

9 2. Man wird das 2-Liter-Auto nicht bauen, weil Ölkonzerne das Projekt bekämpfen werden. 3. Der Wasserverbrauch wird steigen, weil immer mehr Menschen auf der Erde wohnen werden. 4. Daria wird in New York leben, weil sie mit einem Amerikaner verheiratet sein wird. 5. Die Umwelt wird weniger verschmutzt sein, weil man Hybridautos bauen wird. 6. Es wird weniger Autos geben, weil wir alle mit dem Fahrrad fahren werden.

10

	Stefanie	Oliver
Ich habe Angst vor Terroranschlägen.	X	
Ich habe Angst vor Arbeitslosigkeit.		X
Ich habe Angst vor unheilbaren Krankheiten.		
Ich habe Angst vor finanziellen Problemen.		X
Ich habe Angst, Verwandte und Freunde zu verlieren.	X	
Ich habe Angst, an einer schlimmen Krankheit zu sterben.		X
Ich habe Angst, dass ich meine Ziele nicht erreiche.	X	

▶ *Transkription*

Radiomoderatorin: *Heute geht es in unserer Sendung um das Thema Zukunftsangst. Viele Leute und Jugendliche haben Angst vor ihrer Zukunft. Sie machen sich Sorgen, ob sie ihren Schulabschluss schaffen werden, haben Angst, ihren Arbeitsplatz zu verlieren oder gar keine Stelle zu finden. Wir finden das Thema „Zukunftsangst" sehr interessant. Wir haben also zwei Jugendliche gefragt, was sie am meisten beängstigt … Stefanie, hast du Angst vor der Zukunft?*

Stefanie: *Natürlich habe ich ein wenig Angst vor der Zukunft. Ich habe zum Beispiel manchmal Angst, dass ich eine schlimme Krankheit bekomme und dass ich vielleicht daran sterbe. Ich frage mich oft, ob ich meine Ziele überhaupt erreiche. Was ich mir wünsche, ist ein Medizinstudium. Da dies aber sehr schwer ist, habe ich Angst, es nicht zu schaffen. Auch das Thema Krieg ist leider wieder aktuell. Man weiß nicht, wann und wo es das nächste Mal ein Attentat geben wird.*

Radiomoderatorin: *Und wie sieht es bei dir aus, Oliver?*

Oliver: *Ich habe auch Angst vor einer schlimmen Krankheit, oder dass ich meine Verwandten oder Freunde in irgendeiner Weise verlieren kann. Und dazu kommen die momentane wirtschaftliche Krise und das Gefühl der finanziellen Unsicherheit. In der letzten Zeit sind auch die Preise gestiegen, so dass man sich Sorgen macht, ob man noch alles bezahlen kann. Und natürlich habe ich Angst vor Arbeitslosigkeit.*

Radiomoderatorin: *Stefanie, Oliver: vielen Dank für Eure ehrlichen Antworten. So, was sagt ihr zu diesem Thema. Ruft uns im Studio an oder schickt eine SMS an die ...*

11 2. Müll trennen; 3. Umwelt schützen; 4. Wasser sparen; 5. Licht ausschalten; 6. Recyclingpapier benutzen; 7. leere Batterien zur Sammelstelle bringen; 8. Fernseher und PC nicht auf Stand-by lassen.

13 2. Hier wird nicht Auto gefahren. 3. Hier wird kein Alkohol getrunken. 4. Hier wird Biogemüse verkauft. 5. Hier wird bis 10.00 Uhr gefrühstückt.

14 2. Ich trenne den Müll, statt alles in denselben Eimer zu werfen. 3. Ich sammle Altpapier, statt das Papier in den Mülleimer zu werfen. 4. Ich schalte abends den Fernseher ganz aus, statt die Stand-by-Funktion zu benutzen. 5. Ich werfe das Kaugummi in den Mülleimer, statt es auf den Boden zu werfen. 6. Ich dusche schnell, statt eine halbe Stunde unter der Dusche zu bleiben.

15 2. Ich drehe die Heizung nicht voll auf. Stattdessen heize ich umweltbewusst. 3. Ich benutze nicht zu viel Papier. Stattdessen gehe ich sparsam mit Papier um. 4. Ich kaufe keine Plastiktüten. Stattdessen gehe ich mit einer Stofftasche einkaufen. 5. Ich werfe leere Batterien nicht weg. Stattdessen bringe ich sie zur Sammelstelle. 6. Ich lasse den PC nicht auf Stand-by. Stattdessen schalte ich den PC ganz aus. 7. An der Ampel lasse ich den Motor nicht laufen. Stattdessen stelle ich den Motor ab.

16 2. Statt eine Geburtstagsparty zu geben, gehe ich mit meiner Freundin ins Restaurant. 3. Statt das Gedicht von Goethe zu analysieren, liest der Schüler einen Krimi. 4. Statt fernzusehen, chattet Lena mit ihrer Freundin. 5. Statt zu simsen, rufe ich lieber meine Freundin an. 6. Statt zu lernen, gehe ich mit meinen Freunden Fußball spielen. 7. Statt dem Opa Zigarren zu schenken, schenke ich ihm ein Buch. 8. Statt dieses Jahr ans Meer zu fahren, fahren wir ins Gebirge.

18 1. R; 2. F; 3. F; 4. F; 5. R; 6. F

19 1. belasten, sauber; 2. umwandeln; 3. weht, Windräder; 4. Windenergieanlagen

Wortschatztraining

a
Nomen mit Artikel: der Umweltschutz (+); die Umweltverschmutzung (–); die Umweltpartei (+); die Umweltministerin (+); die Umweltpolitik (+); die Umweltbewegung (+)
Adjektive: umweltfreundlich (+); umweltschädlich (–)

b
Rad; Pfand; Verschmutzung; Solar; Ozon; Umwelt; Anlage; Flasche; Luft; Wind

c
1. die Solaranlage; 2. Ozonluft; 3. Pfandflasche; 4. Windrad; 5. Umweltverschmutzung

Ich kann ...

Lesen
1756; 1760; 1762; 1782

Hören
Regenwasser sammeln; Pfandflaschen kaufen

▶ *Transkription*
Lisa: *Wenn ich Wasser aus einer Flasche trinke, verwende ich die Flasche wieder, d.h. bei uns zu Hause werden nur Getränke in Pfandflaschen gekauft. Aber wir trinken sowieso meistens Leitungswasser. Außerdem habe ich gelernt, sparsam mit Wasser umzugehen. Die kleinen Dinge können einen großen Unterschied machen. Ich drehe zum Beispiel das Wasser ab, während ich die Zähne putze, oder ich bleibe nicht ewig unter der Dusche. Im Garten haben wir einen großen Behälter für das Regenwasser. Dieses Wasser benutzen wir, um Blumen und Pflanzen zu gießen.*

Lösungen Zwischenstation 12

Fakten und Zeitzeugen

1 1 b; 2 a; 3 d; 4 c

2 1. 1972; 2. ein Attentat auf die israelische Mannschaft; 3. 17; 4. am 13. August 1961; 5. dass immer mehr Menschen in den Westteil der Stadt flüchten; 6. am 9. November 1989; 7. die größte Demonstration fand in Berlin statt; 8. für Reformen und Demokratie; 9. am 3. Oktober 1990; 10. 21. Juli 1969; 11. 22 Stunden; 12. weltweit mehr als 500 Millionen

3

	Ulrike Fröhlich	Angelika Lanz
Ereignis	Terroranschlag von München	Bau der Berliner Mauer
Erinnerung	im Urlaub in Italien, im Fernsehen gesehen und konnte das Italienisch nicht verstehen, wusste sofort, dass etwas Schreckliches passiert ist	vor dem Fernseher, Soldaten mit Gewehren, konnte die Oma in Westberlin nicht mehr besuchen

	Klaus Weber	Bernd Asbrand
Ereignis	erste Mondlandung	Fall der Berliner Mauer
Erinnerung	alle haben applaudiert, als Armstrong seinen Fuß auf den Mond setzte	hat davon im Radio gehört, war sprachlos, ging sofort nach Westberlin auf den Ku'damm und kletterte dann auf die Mauer

▶ *Transkription*

Interviewerin: *Herr Weber, erinnern Sie sich an die erste Mondlandung?*
Klaus Weber: *Natürlich erinnere ich mich daran, sehr gut sogar. Ich war damals 11 und hatte die großen Weltallexpeditionen der Amerikaner verfolgt. Als Armstrong seinen Fuß auf den Mond setzte, haben wir alle zu Hause applaudiert. Damals träumte ich davon, Astronaut zu werden. Ja, das war damals der Traumjob von vielen Kindern meiner Generation …*
Interviewerin: *Frau Lanz, wo waren Sie, als am 13. August 1961 in Berlin eine Mauer gebaut wurde?*
Angelika Lanz: *An jenem Morgen saß ich mit meiner Schwester auf dem Sofa vor dem Fernseher. Auf dem Bildschirm sah ich Soldaten: Einige hatten ein Gewehr in der Hand, andere eine Mörtelkelle. Meine Schwester sagte mir, dass sie eine Mauer bauten. Ich begriff damals mit 7 Jahren nicht, was die Bilder bedeuteten. Nach wenigen Tagen wurde es mir aber klar: Ich konnte nicht mehr mit der S-Bahn zu meinen Großeltern nach West-Berlin fahren. Und ich weinte.*
Interviewerin: *Frau Fröhlich, welche Erinnerungen haben Sie an den Terroranschlag von München?*
Ulrike Fröhlich: *Als ich vom Terroranschlag hörte, war ich tief erschüttert. Ich machte damals Urlaub in Italien, und zwar an der Adria. Im Fernsehen hörte ich etwas über die Olympischen Spiele. Ich konnte zwar kein Italienisch, aber es war mir sofort klar, dass etwas Schreckliches passiert war. Ich rief zu Hause an und ließ mir alles erklären …*
Interviewerin: *Herr Asbrand, Sie waren damals noch jung, als die Mauer in Berlin fiel.*
Bernd Asbrand: *Ja, ich war damals 18. Als ich im Radio hörte, dass man einfach so, ohne Schwierigkeiten nach drüben, also nach West-Berlin gehen durfte, war ich sprachlos. Ich nahm schnell meinen Ausweis und ging los. Auf der Westseite der Mauer empfingen uns die Westberliner mit Sekt und Applaus. Ich weinte vor Freude. Nachdem ich auf dem Ku'damm bummeln war, kletterte ich auf die Mauer. Alle lagen sich in den Armen. Ein Wahnsinn!*

7 1. F; 2. F; 3. R; 4. R; 5. F; 6. R; 7. R

▶ *Transkription*

Max: *Hallo Fabio, lange nicht mehr gesehen! Na, wie geht es dir?*
Fabio: *Hi, Max. Danke, alles bestens. Und bei dir — auch alles okay?*
Max: *Klar!*
Fabio: *Ich war fast einen Monat lang in Italien, bei meiner Oma. Erst seit Freitag bin ich wieder in Berlin.*
Max: *Oh, das klingt gut! Du siehst auch richtig gut erholt aus!*
Fabio: *Na ja, das ist ja klar, wenn der Enkel kommt, wird super lecker gekocht, du genießt das Meer, das tolle Wetter, besuchst ein paar Freunde, einfach traumhaft!*
Max: *Wo lebt denn deine Oma eigentlich?*
Fabio: *Sie hat ein kleines Haus in Orosei auf Sardinien.*
Max: *Ah, auf Sardinien war ich schon mal, aber der Ort sagt mir nichts.*
Und hast du auch oft Fußball geguckt? Ich kann mir vorstellen, dass die Weltmeisterschaft in Italien ein großes Thema war!

Fabio: *Ja, logisch! Wir haben so gut wie jeden Tag Fußball geschaut — die Fußball-WM in Italien zu erleben, das ist schon was Besonderes! Überall wird darüber geredet, in jedem Café, in jeder Bar laufen die Fernseher, es wird über die Spiele und die Entscheidungen der Schiedsrichter gestritten.*

Max: *Und Fabio, warst du eigentlich für die italienische Nationalmannschaft oder doch für die deutsche? Deine Mutter ist doch Italienerin, oder?*

Fabio: *Jaja, meine Mutter kommt aus Italien, also aus Sardinien eben. Leider konnte die italienische Mannschaft diesmal nicht viel erreichen, obwohl sie das erste Spiel gegen England gewonnen hat. Dann haben sie aber nur noch verloren. Das fanden wir natürlich alle sehr frustrierend, es war echt …*

Max: *Mann, hier in Berlin, das war vielleicht eine Stimmung! Als Deutschland Gruppenerster geworden ist, war nur noch Fußball wichtig!*

Fabio: *Ja, das kann ich mir gut vorstellen! Wer hätte denn gedacht, dass sie in der ersten Phase gegen Portugal 4:0 gewinnen. Das war schon genial! Und dabei hatte Portugal den Weltfußballer des Jahres, Cristiano Ronaldo, im Team!*

Max: *Hast du das Spiel im Halbfinale gesehen? Gegen Brasilien? Da war ich mit meiner Freundin beim Public-Viewing in einer Strandbar. Du kannst dir nicht vorstellen, wie alle mitgefiebert haben. Sogar meine Freundin war ganz begeistert, obwohl sie sich eigentlich gar nicht für Fußball interessiert.*

Fabio: *Wart ihr auch auf der Fanmeile?*

Max: *Ja, am Brandenburger Tor, das konnten wir uns natürlich nicht entgehen lassen! Seit der Fußball WM 2006 in Deutschland geht ja nichts mehr ohne Public-Viewing und die Fanmeilen! Du kannst mit hunderttausend anderen Leuten aus der ganzen Welt auf der Fanmeile feiern.*

Fabio: *Hört sich echt cool an! Und wie war es, als Deutschland dann Weltmeister geworden ist?*

Max: *Das war einfach unbeschreiblich! Wir haben uns alle gegenseitig umarmt, gejubelt und lange gefeiert! Das werde ich nie vergessen! Ich hätte auch selbst wieder richtig Lust, Fußball zu spielen.*

Fabio: *Wenn du magst, können wir uns zu einem Fußballspiel verabreden.*

Max: *Ja, sehr gern! Ich bringe auch noch ein paar Kumpels mit, okay?*

Fabio: *Gute Idee. Ruf mich einfach mal an. Tschüss.*

Max: *Ja, mach' ich. Mach's gut, Ciao!*

8 Berlin ist wieder Hauptstadt. Die Hauptstadt der DDR war Ostberlin. Die Mauer war ein Symbol für die Teilung. Denkmäler erinnern an die Teilung Berlins. Am Potsdamer Platz gibt es viele moderne Gebäude. In Berlin gibt es viele Parks. In Berlin fließt die Spree. In Berlin gibt es zahlreiche Kneipen.

Lektion 25 Menschen rund um uns

Sprachhandlungen: Menschen beschreiben, Kleidung benennen, Menschen beschreiben, über andere Personen sprechen und Meinungen äußern
Strukturen: Deklination der Adjektive, das Fragewort *welche?* und die Frage *Was für ein / eine …?*, Adjektive

A Lebensstile

1 **Einstieg in das Lektionsthema:** Vor dem Lesen betrachten S die Fotos. L schreibt die Überschriften der Texte an die Tafel und fordert S auf, Erklärungen für die Personenzuschreibungen zu finden. L kann S mit Fragen wie z. B. *Was ist ein alternativer Typ? Wie lebt er? Was ist für einen Karrieretypen am wichtigsten? Wo arbeitet ein Karrieretyp? Wie ist die Lebensphilosophie eines Punkers?* S lesen die Texte leise. Anschließend erklärt L unbekannten Wortschatz. S lösen die Zuordnungsübung in Einzelarbeit. Kontrolle im Plenum.

> Sylvia genießt die Zeit in ihrem Atelier. Jessica träumt von einem Leben mit viel Luxus. Ramona will mit ihrem Piercing provozieren. Sören ist gegen die Konsumgesellschaft. Sebastian startet seine Karriere als Junior Assistent.

2 **Leseverstehen:** Die Klasse wird in fünf Gruppen eingeteilt. Jede Gruppe liest einen Text noch einmal. Anschließend berichtet ein / eine S aus jeder Gruppe. Weiterführend können S für jedes Foto aus Übung 1 einen Steckbrief erstellen. So werden die wichtigsten Informationen noch einmal verschriftlicht.

3 **Wortschatzerweiterung:** L bittet S die Adjektive zu lesen. L erklärt unbekannten Wortschatz. Alternativ können S die Bedeutung von je 4-5 Adjektiven in Kleingruppen mit Hilfe eines Wörterbuchs herausfinden. Dann ordnen S in Partnerarbeit die Adjektive den Personen zu. Bei Unsicherheiten können S die Texte aus Übung 1 nochmals lesen. Kontrolle im Plenum. Für die Lösungen kommen hier mehrere Möglichkeiten in Frage. Die Zuordnung bietet so auch Stoff für eine Diskussion im Plenum.

4 **Wiederholung der Adjektivdeklination im Nominativ:** In dieser Übung wird die Deklination der Adjektive aufgegriffen und nochmals geübt. Gleichzeitig wird die Frage *Was für ein …?* eingeführt. L lenkt die Aufmerksamkeit auf die Farben bzw. die entsprechenden Endungen der Adjektive. S arbeiten in Partnerarbeit und stellen sich gegenseitig Fragen. S benutzen die Adjektive aus Übung 3. Zur Kontrolle können S verschiedene Dialoge im Plenum vorsprechen.
→ Deklination der Adjektive, S. 75; Das Fragewort *welche* und *Was für ein / eine …*, S. 76

5 **Vertiefung der Frage *Was für ein / eine …?*:** L bringt einen kleinen Ball mit in den Unterricht. L wirft den Ball einem / einer S zu und fragt *Was für ein Typ bist du?* oder *Was für eine Person bist du?* S fängt den Ball und antwortet. Dann wirft S den Ball einem / einer anderen S zu.

6 **Einführung Adjektivdeklination mit bestimmtem Artikel:** L lenkt die Aufmerksamkeit auf die Adjektive und die Endungen. L hebt hervor, dass, unabhängig vom Artikel, die Adjektive immer auf *–e* enden. S schreiben die Sätze in Einzelarbeit auf. Zur Kontrolle können die Sätze von einzelnen S an die Tafel geschrieben werden.
→ Deklination der Adjektive, S. 75

7 **Systematisierung der Deklination:** Die Tabelle wird im Plenum ergänzt. Es handelt sich um die Adjektivdeklination mit bestimmtem bzw. unbestimmtem Artikel im Nominativ. L weist S auf die Endungen im Plural hin.

Nominativ		
maskulin	ein alternativer Typ	der alternative Typ
neutral	ein romantisches Mädchen	das romantische Mädchen
feminin	eine kreative Frau	die kreative Frau
Plural	– extravagante Personen	die extravaganten Personen

❯ Dazu passend: AB, Übung 1–5

B Welche Mode für welchen Typ?

8 **Wortschatzerweiterung:** S lesen leise die Kleidungsstücke und L erklärt, wenn nötig, unbekannten Wortschatz. L bittet S nun, die Zeichnungen eine Minute lang anzusehen. S schließen die Bücher und L fragt nach den Kleidungsstücken auf den Zeichnungen. L achtet darauf, dass S in vollständigen Sätzen antworten. So werden die Adjektivendungen im Akkusativ wiederholt.

> **TIPP:**
> Sie können diese Übung auch als Rätsel in der Klasse durchführen. Wählen Sie einen / eine S aus. Die Person soll kurz den Raum verlassen. Fragen Sie nun die anderen S, was er / sie anhat. Bitten Sie die Person wieder herein und überprüfen Sie gemeinsam mit den S die Antworten.

9 **Wiederholung Adjektivdeklination im Akkusativ:** Die Struktur wird hier noch einmal aufgegriffen und eingeübt. L lenkt Aufmerksamkeit auf die Farben bzw. die entsprechenden Endungen der Adjektive. Die Übung wird im Plenum durchgeführt, wobei die evtl. noch unbekannten Adjektive erklärt werden.
→ Deklination der Adjektive, S. 75

> Till hat eine abgetragene Jeans an. Sebastian hat eine elegante Krawatte an. Sebastian hat ein graues Hemd an. Ramona hat eine schwarze Lederjacke an. Ramona hat ein originelles T-Shirt an. Jessica hat einen gewagten Minirock an. Sylvia hat bequeme Sandalen an.

10 **Vertiefung Adjektivdeklination im Akkusativ:** S arbeiten in Partnerarbeit und stellen sich gegenseitig Fragen. L geht durch die Klasse und unterstützt S bei der Durchführung der Übung. Bei der Kontrolle im Plenum kann L auf die Intonation der Fragen achten.

11 **Einführung von *Welcher, welche, welches …?*:** S benennen alle Kleidungsstücke mit Artikel. Dann erklärt L die Adjektive im blauen Kasten. Danach stellt L Fragen wie z. B. *Welche Hose gefällt euch? Welche Schuhe gefallen euch?* und notiert die Fragen an der Tafel. L erklärt die Verwendung des Fragewortes und macht den Unterschied zu *Was für ein / eine… ?* deutlich. Anschließend sprechen S in Partnerarbeit über die Kleidungsstücke. Um die Übung weiterzuführen, kann L Modezeitungen oder Modekataloge in die Klasse mitbringen. Daraus können S weitere Kleidungsstücke auswählen und sich darüber austauschen.
→ Das Fragewort *welche* und *Was für ein / eine…*, S. 76

12 **Systematisierung der Deklination:** Die Tabelle wird im Plenum ergänzt. Es handelt sich um die Adjektivdeklination mit bestimmtem bzw. unbestimmtem Artikel im Akkusativ.

Akkusativ		
maskulin	einen blauen Anzug	den blauen Anzug
neutral	ein weißes T-Shirt	das weiße T-Shirt
feminin	eine elegante Jacke	die elegante Jacke
Plural	– bequeme Sandalen	die bequemen Sandalen

13 **Festigung der Adjektivdeklinationen:** L fordert S auf, die Fotos zu betrachten und regt eine Diskussion über die verschiedenen Typen mit Fragen an, wie z. B. *Welche Jugendlichen sehen modern aus? Wer sieht eher konservativ aus? Welcher Jugendliche ist euch sympathisch?* Zwei S lesen anschließend die Beispieldialoge vor. Dann fragen sich S in Partnerarbeit. L geht durch die Klasse und unterstützt S bei der Durchführung der Übung. Zur Kontrolle können S einige Dialoge im Plenum vorsprechen.

14 **Hörverstehen:** S lesen noch einmal den Text über Ramona und Sören auf Seite 67 im Kursbuch. L stellt Fragen wie z. B. *Was ist typisch für einen Punker? Wie ist Sörens Einstellung zur Konsumgesellschaft? Wie findet ihr Sörens Frisur? Möchtet ihr auch so eine Frisur haben?* L spielt das Interview zweimal vor. Beim ersten Mal hören S nur zu. Beim zweiten Mal kreuzen S die richtige Antwort an. Kontrolle im Plenum. Weiterführend können S ein Rollenspiel mit Hilfe des Interviews machen. Dafür kann L die Transkription des Interviews an S verteilen.

1. R; 2. F; 3. R; 4. F; 5. F; 6. R

▶ *Transkription*
Interviewerin: *Sören, deine Frisur ist ja total heiß! Du bist quasi ein Punker. Sehe ich das richtig?*
Sören: *Ja, es sieht so aus.*
Interviewerin: *Und wie hält die Frisur?*
Sören: *Mit jeder Menge Haarspray.*
Interviewerin: *Und die Haare sind getönt, oder?*

Sören: *Nicht getönt, sondern gefärbt.*
Interviewerin: *Ah, verstehe. Wie oft musst du das machen?*
Sören: *Ein- bis zweimal im Monat.*
Interviewerin: *Und was kostet das? Gibst du viel Geld dafür aus?*
Sören: *Nein, die Farbe kostet 10 €. Ich lasse mir meine Haare von meiner Freundin Ramona machen.*
Interviewerin: *Sören, wie wichtig sind Klamotten für dich?*
Sören: *Eigentlich nicht so wichtig. Hauptsache billig und ich habe was an, damit ich nicht friere …*
Interviewerin: *Willst du mit deinem Look, deinem Aussehen provozieren?*
Sören: *Ja, klar, das will jeder Punker mit seinem Aussehen.*
Interviewerin: *Sören, wie ist deine Lebensphilosophie als Punker?*
Sören: *Jeden Tag mit Freunden abhängen, was trinken und so …*
Interviewerin: *Was erwartest du vom Leben?*
Sören: *Nicht viel. No Future!*
Interviewerin: *Hast du manchmal so eine Wut im Bauch?*
Sören: *Ja … gegen den Staat, das System, die Gesellschaft, die Polizei.*
Interviewerin: *Wie stellst du dir deine ideale Gesellschaft vor?*
Sören: *Anarchie, jeder kann tun und lassen, was er will. Kein Zwang zu arbeiten. Wer arbeiten will, der kann arbeiten. Aber sonst …*
Interviewerin: *Angenommen, du würdest jeden Morgen um 6 Uhr aufstehen, in den Bus steigen und zur Arbeit fahren … kommst dann todmüde zurück. Albtraum oder Sehnsucht?*
Sören: *Albtraum, absoluter Albtraum!*
Interviewerin: *Sören, danke für das Gespräch.*

❯ Dazu passend: AB, Übung 6–15

C Die Meinung der anderen

15 **Leseverstehen:** L weist darauf hin, dass die fünf Personen schon aus Teil A der Lektion bekannt sind. L kann dann unbekannten Wortschatz erklären. S lesen die Aussagen leise und ordnen die Texte den Personen zu. Kontrolle im Plenum.

1. D; 2. A; 3. B; 4. C; 5. E

16 **Einführung Adjektivdeklination mit Dativ:** S lesen Aussagen noch einmal und unterstreichen alle Artikel- bzw. Adjektivendungen in den Texten. L schreibt aus jedem Text ein Beispiel an die Tafel und erklärt die Adjektivdeklination im Dativ. L hebt die Adjektivendung –*en* unabhängig vom Genus des Substantivs hervor. Zur Systematisierung können S eine Übersichtstabelle wie in den Aufgaben 7 und 12 erstellen.
→ Deklination der Adjektive, S. 75

1. einem bequemen Leben; meinem privaten Leben, armen Kindern; 2. meinen exotischen Reisen, meinen realistischen Bildern; 3. einem globalen Unternehmen, einem internationalen Klima; 4. einem einfachen Bauwagen; 5. einer brutalen Konsumgesellschaft, einer solchen Gesellschaft

17 **Festigung der Adjektivdeklination im Dativ:** S lesen die Texte und ordnen in Einzelarbeit die Adjektive zu. Die Ergebnisse werden im Plenum verglichen.

1. komfortablen; 2. internationalen; 3. luxuriösen; 4. sensiblen; 5. brutalen

18 **Hörverstehen:** Vor dem Hören lenkt L die Aufmerksamkeit auf die verschiedenen Lebensstile durch Fragen wie z. B. *Wer von den fünf Personen ist euch am sympathischsten? Warum? Möchtet ihr in einer Firma Karriere machen oder lieber Künstler / Künstlerin werden? Wie findet ihr Punker und Alternative? Könnt ihr euch ein Leben wie das von Sören und Ramona vorstellen?* S hören die Texte zweimal. L stoppt nach jeder Stellungnahme kurz, damit S Notizen machen können.

▶ *Transkription*

Peter Asbrand: *Hallo, ich bin Peter. Also … Ich beneide Typen wie Sylvia, die eine künstlerische Ader haben. Als junger Mann träumte ich auch von einer Karriere als Musiker oder Schriftsteller. Leider ist nichts daraus geworden. Künstler haben eine ganz andere Einstellung zum Leben als die „normalen" Bürger. Sie sind so empfindsam, sehen die Welt mit anderen Augen … Klar, das Leben eines Künstlers ist nicht immer einfach, aber bestimmt interessanter als das Leben eines gewöhnlichen Bankangestellten. Übrigens, ich arbeite bei der Bank!*
Christa Lang: *Guten Tag, ich heiße Christa. Wie kann man in einem Bauwagen leben? Für mich ist das eine Horrorvision! Ich brauche den Komfort meiner*

gemütlichen Wohnung. Ich kann überhaupt nicht nachvollziehen, warum Typen wie Till so alternativ leben wollen. Was ist eigentlich schlecht an einem komfortablen Leben?

Klaus Lipinski: *Hallo, ich bin der Klaus. Ich war früher auch so ein Typ wie Sebastian, ich wollte unbedingt Karriere machen, habe alles geopfert, um Chef eines großen Konzerns zu werden. Der Preis war aber für mich zu hoch: Jeden Tag Überstunden, viele Wochenenden im Büro, keine Freizeit mehr, ich war mit meinen Gedanken immer bei den vielen Sachen, die ich erledigen musste. Jetzt habe ich eine ganz normale 35-Stunden-Woche, verdiene zwar weniger, habe aber Zeit für mich!*

Karin Schmidt: *Mein Name ist Karin Schmidt. Mal ehrlich: Ich kann diese Punker nicht ertragen. Wenn ich welche in der Stadt sehe, mache ich immer einen Bogen um sie. Sie sind so dreckig, stinken nach Bier ... und die vielen Piercings und Tattoos! Klar, dass sie provozieren wollen. Aber ich frage mich, woher die Wut kommt, die sie auf unsere Gesellschaft haben. Sicher kommen diese Punker alle aus zerrütteten Familienverhältnissen.*

Rita Ruiz-Jiménez: *Hallo, ich bin Rita. Oberflächliche Mädchen wie Jessica kenne ich viele. Es sind meistens gut aussehende Mädchen, die aber nicht viel im Kopf haben. Für sie gibt es nur eines: Immer das Schönste und Teuerste kaufen, um das Gefühl zu haben, man ist „wer"! Das glamouröse Leben der berühmten Schauspielerinnen und Pop-Sängerinnen ist ihr Vorbild. Ich finde, solche Typen sollten das Buch „Haben oder sein" von Erich Fromm lesen!*

20 **Textproduktion:** S lesen leise den Forumsbeitrag. L weist auf den Notizzettel mit passenden argumentativen Satzanfängen als Hilfe hin. S bilden sich eine eigene Meinung und verfassen einen Forumsbeitrag als Antwort. S können einige der Texte im Plenum vorlesen.

› **Dazu passend: AB, Übung 16–21**

Grammatik auf einen Blick

Die Deklination der Adjektive ist S bereits aus Lektion 11 und 12 in Magnet neu A2 bekannt. In dieser Lektion werden nun alle Deklinationen eingeführt und behandelt. L sollte bei Aufgaben zum freien Sprechen immer auf die korrekte Deklination achten. Wenn zu den Adjektiven in Magnet neu A2 ein Lernplakat erstellt wurde, kann es an dieser Stelle erweitert werden.

Wortschatz: Das ist neu!

In der Lektion lernen S Wortschatz zu den Themen Lebensstile, Charakterbeschreibung und Kleidungsstile kennen.

Lösungen Arbeitsbuch

1 2. e; 3. g; 4. i; 5. a; 6. j; 7. h; 8. b; 9. f; 10. c

2 2. Ja, Sebastian ist ein zielstrebiger Mann. 3. Ja, Sören ist ein aggressiver Junge. 4. Ja, Ramona ist ein unkonventionelles Mädchen. 5. Ja, Sylvia ist eine sensible Frau. 6. Ja, Jessica ist ein gut aussehendes Mädchen. 7. Ja, Frau Beck ist eine tolerante Person. 8. Ja, meine Freunde sind nette Leute.

4 *Zum Beispiel:* Ein schönes Mädchen ist manchmal langweilig. Oberflächliche Menschen sind oft uninteressant. Ein ordentlicher Mann ist immer fantasielos. Eine energische Frau ist meistens kreativ.

6

Damenbekleidung:	das Kostüm, das Abendkleid, der Rock	die Stiefel, die Hose, der Anorak, das Polohemd, der Pullover
Herrenbekleidung:	der Anzug, das Hemd	
Sportbekleidung:	die Tennisschuhe, das Sweatshirt, der Trainingsanzug	
Bademode:	der Bikini, der Badeanzug, die Badehose	
Nachtwäsche:	der Pyjama, das Nachthemd	

7 *Zum Beispiel:* Ich trage eine bequeme Hose. Ich ziehe ein schickes Top an. Ich trage einen extravaganten Mantel. Ich trage elegante Freizeitschuhe.

9 1. Der gewagte Minirock kostet 40 Euro. 2. Die sportliche Jacke kostet 95 Euro. 3. Die modischen Stiefel kosten 119 Euro. 4. Das schicke Top kostet 27 Euro. 5. Das weiße Hemd kostet 39 Euro. 6. Der schwarze Anzug kostet 170 Euro. 7. Das elegante Abendkleid kostet 210 Euro. 8. Die abgetragenen Jeans kosten 68 Euro.

▶ *Transkription*
Der gewagte Minirock kostet 40 Euro.
Die sportliche Jacke kostet 95 Euro.
Die modischen Stiefel kosten 119 Euro.
Das schicke Top kostet 27 Euro.
Das weiße Hemd kostet 39 Euro.
Der schwarze Anzug kostet 170 Euro.
Das elegante Abendkleid kostet 210 Euro.
Die abgetragenen Jeans kosten 68 Euro.

10
● Ich denke, der gelbe Pullover steht ihr überhaupt nicht.
○ Ja, du hast Recht, und der karierte Rock ist wirklich hässlich.
● Und hast du die rosarote Bluse gesehen? Unmöglich!
○ Und schau mal die altmodischen Schuhe!
● Ich finde, sie sollte lieber enge Jeans, sportliche Schuhe und ein buntes T-Shirt anziehen. Meinst du nicht?
○ Ja, doch!

▶ *Transkription*
Mädchen A: *Ich denke, der gelbe Pullover steht ihr überhaupt nicht.*
Mädchen B: *Ja, du hast Recht, und der karierte Rock ist wirklich hässlich.*
Mädchen A: *Und hast du die rosarote Bluse gesehen? Unmöglich!*
Mädchen B: *Und schau mal die altmodischen Schuhe!*
Mädchen A: *Ich finde, sie sollte lieber enge Jeans, sportliche Schuhe und ein buntes T-Shirt anziehen. Meinst du nicht?*
Mädchen B: *Ja, doch!*

11 1. Ich trage gern bequeme Freizeitschuhe. 2. Heute habe ich einen blauen Pullover, eine schwarze Hose und weiße Sportschuhe an. 3. ● Ich möchte einen eleganten Anzug kaufen. Und du? ○ Ich brauche ein schickes Abendkleid. 4. Gefällt dir der gestreifte Rock? 5. Was gefällt dir besser? Die karierte oder die gestreifte Jacke? 6. Was möchtest du kaufen? Den langen oder den kurzen Rock? 7. Was nimmst du? Den blauen oder den braunen Pullover? 8. Ich finde den gestreiften Anzug da zu teuer. Der gestreifte Anzug kostet 260 Euro.

12 **Matthias Schweighöfer:** 1. F; 2. F; 3. R; 4. R; 5. R
Heidi Klum: 1. F; 2. R; 3. F; 4. R; 5. R

16 3. Welche Lehrerin ist das? 4. Was für einen Partner suchst du? 5. Welche Jungen meinst du? 6. Welches Mädchen ist deine Nachbarin? 7. Was für eine Frisur hat sie? 8. Was für ein Typ interessiert dich? 9. Was für Personen magst du?

18 1. Der erfolgreiche Topmanager geht mit der charmanten Frau ins Theater. 2. Der sportliche Junge trifft sich mit dem hübschen Mädchen. 3. Die schöne Nachbarin passt gut zu dem gut aussehenden Bäcker. 4. Der extravagante Musiklehrer passt gut zu der emanzipierten Mathelehrerin. 5. Die launische Studentin trifft sich mit dem introvertierten Jungen. 6. Die wohlhabenden Frauen treffen sich mit den prominenten Männern. 7. Das hübsche Mädchen geht mit dem sympathischen Klassenkameraden aus. 8. Der reiche Bankdirektor geht mit der attraktiven Ärztin in die Disco.

19 2. Er ist mit einem alternativen und unkonventionellen Mädchen zusammen. 3. Till wohnt in einem komfortablen Bauwagen. 4. Jessica möchte mit einem hübschen Mann ausgehen. 5. Sie arbeitet in einem exklusiven Geschäft. 6. Sylvia malt in einem romantischen Atelier ihre Bilder. 7. Ramona stammt aus einer kinderreichen Familie. 8. Jessica träumt von einem bequemen und luxuriösen Leben.

21 1. Die Punkbewegung entstand auf den britischen Inseln. 2. Sie kam in den 1970er Jahren nach Deutschland. 3. Die Null-Bock-Haltung, das Aussehen, die aggressive Musik sind die Merkmale der Punkbewegung. 4. Sex Pistols, Einstürzende Neubauten, Fehlfarben 5. Die Toten Hosen 6. Die Punkmusik wurde von der Neuen deutschen Welle ersetzt. 7. T-Shirts mit provokativen Aufschriften, Nietengürtel und die Irokesenfrisur 8. Rudi ist ein Punk. Er lebt in der Nähe von Köln mit seinen Freunden in einem baufälligen Haus. 9. Rudi mag die Solidarität unter den Punks. Sie teilen alles.

Wortschatztraining

a
1. der, die, das, die, Baseballkappe; 2. der, die, das, die, Jeans; 3. die, der, die, der, Handschuh; 4. der, der, die, das, Minirock; 5. die, das, die, die, Abendkleid; 6. das, das, der, der Lippenstift

b
waagerecht: konservativ, ehrgeizig, egozentrisch, oberflächlich, lebenslustig
senkrecht: sensibel

c
1. ehrgeizig; 2. egozentrisch; 3. konservativ; 4. sensibel; 5. oberflächlich; 6. lebenslustiges

Lektion 26 Gefühle, Emotionen, Träume

Sprachhandlungen: über Sorgen und Probleme sprechen, Ratschläge geben, über Träume und Wünsche sprechen, Informationen in einem Text finden
Strukturen: der Konjunktiv II, Hilfs- und Modalverben im Konjunktiv, Konditionalsätze, Verben mit Präpositionen, Konditionalsätze in der Vergangenheit, Fragen und Verben mit Präpositionen

A Liebe & Liebeskummer

1 **Einführung in das Lektionsthema:** L fordert S auf, das Foto von Martin anzusehen und liest die Überschrift vor. L stellt dann Fragen wie z. B. *Was ist Liebeskummer? Wann hat man Liebeskummer?* S lesen die Sätze in den Sprechblasen in diskutieren im Plenum weitere Vermutungen.

2 **Einführung Konjunktiv II:** S lesen zuerst den Forumseintrag von Martin. L klärt unbekannten Wortschatz. S beantworten die ersten drei Fragen im Plenum. L führt den Konjunktiv ein, indem er / sie S auffordert, Martin Tipps zu geben: *Was würdest du machen, wenn du Martin wärst?* Die Antworten der S werden im Konjunktiv an die Tafel geschrieben. Anschließend lesen S die Antwort von Sophie und beantworten die restlichen Fragen im Plenum.
→ Der Konjunktiv II, S. 86

> 1. Sie sind seit 2 Monaten ein Paar. 2. Lisa hat keine Lust mehr, sich mit Martin zu treffen. Sie will lieber etwas mit ihrer Freundin machen. 3. Für Martin wäre es eine Katastrophe. 4. Martin sollte offen mit Lisa über sein Problem sprechen. 5. Es könnte sein, dass sich Lisa nicht mehr für Martin interessiert. 6. Martin sollte den Kopf nicht hängen lassen.

3 **Festigung des Konjunktivs II:** L weist S auf die Funktionen des Konjunktivs II hin (Tipps und Ratschläge geben, Wünsche äußern, Hypothesen aufstellen). L schreibt für jede Funktion einen Beispielsatz an die Tafel, um die Funktionen zu verdeutlichen. Dann lösen S die Übung in Partnerarbeit. Kontrolle der Übung im Plenum.

> 1. b; 2. g; 3. c; 4. e; 5. f; 6. a; 7. h; 8. d

4 **Vertiefung des Konjunktivs II:** Bei dieser Übung sind S aufgefordert ihre eigene Meinung einzubringen. L teilt die Klasse in sieben Gruppen ein. Jede Gruppe überlegt sich ein Problem und einen Ratschlag. L geht zu jeder Gruppe und hilft wo nötig. Jede Gruppe präsentiert dann das Ergebnis im Plenum.

> **TIPP:**
> Sie können diese Form der Übung immer wieder in den Unterricht einbringen, um den Konjunktiv II zu üben. Wenn es für die Klasse etwas zu entscheiden gibt, können Sie die Schüler in die Entscheidung mit einbeziehen, indem sie Ratschläge im Konjunktiv II formulieren.

5 **Freies Sprechen:** S lesen die Sätze in den Sprechblasen und diskutieren in Partnerarbeit weitere Ratschläge. Dabei können S eine Liste mit Vorschlägen schreiben. Diese Liste können sie für die Lösung von Übung 6 verwenden.

6 **Festigung des Konjunktivs II:** L liest den Beispieldialog vor. S führen in Partnerarbeit die Dialoge. Wenn Sie bei Übung 5 eine Liste mit Vorschlägen gemacht haben, können S auch weitere Dialoge führen. L geht durch die Klasse und unterstützt S bei der Durchführung der Übung.

> **Dazu passend:** AB, Übung 1–9

B Ich habe einen Traum …

7 **Einführung in das Thema Träume und Wünsche:** L liest den Titel laut vor und führt mit Fragen wie z. B. *Habt ihr Träume? Wovon träumt ihr? Was würdet ihr machen, wenn ihr einen Wunsch frei hättet?* in das Thema ein. S lesen die Wörter im Kasten und die Sätze in den Sprechblasen. L erklärt danach unbekannten Wortschatz. L fordert S auf, weitere Vermutungen zu äußern und notiert diese an der Tafel. L lenkt die Aufmerksam-

keit jetzt auf das Foto von Claudia Zimmer und fragt: *Wovon träumt Claudia Zimmer?* L betont das Fragewort *Wovon?* ohne weiter darauf einzugehen.
→ Verben mit Präpositionen, S. 87

8 **Leseverstehen:** S lesen die Texte leise. L erklärt anschließend unbekannten Wortschatz. L fordert S auf, die Vermutungen, die in Übung 7 an der Tafel notiert wurden, mit den Texten zu vergleichen.

9 **Leseverstehen:** S lesen Sätze und ordnen sie den Personen in Einzelarbeit zu. Kontrolle im Plenum. Im Anschluss an die Übung können S über ihre Wünsche und Träume sprechen. L stellt Fragen wie z. B. *Wovon träumt ihr? Wie wäre euer Leben, wenn ihr wie Claudia nicht mehr laufen könntet? Was würdet ihr machen, wenn ihr einen Tag mit eurem Idol verbringen könntet? Würdet ihr einen Beruf wählen, der euch keinen Spaß macht? Möchtet ihr ein Superstar sein? Wie wäre euer Leben als Superstar?* L achtet auf die korrekte Verwendung der Konjunktiv II-Formen.

> 1. Claudia Zimmer; 2. Chris; 3. Chris; 4. Anke Galanis; 5. Jan; 6. Claudia Zimmer; 7. Jan

10 **Leseverstehen:** L weist S noch einmal auf den Text über Chris hin und erinnert S, dass Chris gerne bei der deutschen Casting-Sendung „Deutschland sucht den Superstar" gewinnen würde. L bereitet S auf den Text vor, indem er / sie Fragen stellt, wie z. B. *Kennt ihr diese Sendung? Gibt es etwas Ähnliches in euerem Land? Was muss man können, um an dieser Sendung teilnehmen zu können?*
S lesen zunächst die Fragen zum Text. Dann lesen S in Kleingruppen den Text und beantworten die Fragen. L geht durch die Klasse und hilft bei Schwierigkeiten. Die Antworten werden im Plenum vorgetragen und korrigiert.

> 1. ein Sprungbrett für junge Menschen; 2. laden zu Castings ein; 3. hat Erfahrung im Musikgeschäft; 4. müssen sich gut präsentieren; 5. stimmen die Zuschauer per Telefon ab

❯ **Dazu passend: AB, Übung 10–14**

C Es wäre schön gewesen, wenn ...

11 **Detailverstehen:** L liest zuerst die Stichworte neben dem Text vor und erklärt, dass S im Text Informationen zu diesen Punkten finden sollen. S lesen den Text leise und machen sich zu den Punkten Notizen. Die Antworten werden im Plenum vorgelesen und korrigiert.

> Die Talentshow-Halbfinalisten: Marie, Sarah, Chris; Die Talentshow-Finalisten: Marie und Sarah; Gesamtzahl der TeilnehmerInnen an der Talentshow: 10.000. Chris Zukunft als Popstar: Er produziert eine CD mit Jury-Mitglied Peter.

12 **Hörverstehen:** S lesen zuerst die Fragen. S hören das Interview dann zweimal. Beim ersten Mal hören sie nur zu, beim zweiten Mal markieren sie die Antworten. Kontrolle im Plenum.

> 1. R; 2. R; 3. F; 4. F; 5. F; 6. R; 7. F; 8. R; 9. R; 10. F; 11. R; 12. R

▶ *Transkription*

Interviewerin: *Also, Chris, du hast es nicht geschafft. Schade! Bist du trotzdem mit diesem Ergebnis zufrieden?*
Chris: *Klar. Ich bin froh, dass ich so weit gekommen bin. Denn ich bin sowieso unter den ersten drei von 10.000 Teilnehmern. Und das ist großartig!*
Interviewerin: *Aber im Halbfinale haben sich die Zuschauer für die anderen zwei Kandidaten entschieden. Was sagst du dazu?*
Chris: *Was soll ich sagen ... Ich habe einfach gemerkt, dass ich gegen diese zwei ganz starken Kandidaten nicht ankomme. Und es ist richtig so, dass die beiden im Finale sind.*
Interviewerin: *Gibt es etwas, worüber du dich im Wettbewerb geärgert hast?*
Chris: *Nein, ich habe mich über gar nichts geärgert. Alles ist super gelaufen.*
Interviewerin: *Warum hast du eigentlich an dem Wettbewerb "Die Talentshow" teilgenommen?*
Chris: *Ich wollte mich auf die Probe stellen und sehen, ob ich für die Bühne geboren bin.*
Interviewerin: *Und?*
Chris: *Tja, jetzt weiß ich, dass die Bühne meine Zukunft ist. Ich fühle mich wohl auf der Bühne, ich gehöre einfach dahin.*

Interviewerin: *Du bist jetzt 17. Erinnerst du dich an deinen ersten Auftritt?*
Chris: *Natürlich erinnere ich mich an das 1. Mal, als ich aufgetreten bin. Ich war damals 12 und bin als Sänger mit meiner Schulband aufgetreten.*
Interviewerin: *Und wie geht es jetzt weiter? Was sind deine Pläne?*
Chris: *Ich träume immer noch von einer Karriere als Musiker oder Sänger. Und natürlich freue ich mich wahnsinnig auf die CD, die Peter aus der Jury mit mir produzieren will. Aber zunächst will ich nach dem Stress nur an Urlaub denken. Ich habe vor, mit einem Freund auf eine Rucksacktour durch Thailand zu gehen.*
Interviewerin: *Also, Chris, noch mal herzliche Gratulation und alles Gute für deine Karriere. Und viel Spaß in Thailand.*

13 Einführung Konjunktiv II im Präteritum: L liest Beispieldialog vor. L erklärt anhand des Beispiels die Verwendung des Konjunktivs II im Präteritum. L weist S auch auf die Erklärung in der Rubrik *Grammatik auf einen Blick* hin. S führen die Übung in Partnerarbeit durch. L geht durch die Klasse und unterstützt S bei der Durchführung der Übung. Zur Kontrolle können verschiedene Dialoge im Plenum vortragen werden.
→ Bedingungssätze in der Vergangenheit, S. 87

14 Vertiefung Verben mit Präpositionen: Der Lückentext fasst Chris Geschichte zusammen. S machen die Übung in Partnerarbeit. L kann anschließend unbekannten Wortschatz klären. Zur Kontrolle siehe Übung 15.

mit; über; für; an; für; von; an; auf; an

15 S hören den Text und lesen dabei bei Übung 14 mit und korrigieren eventuell die Präpositionen. Anschließend kann der Text noch einmal vollständig vorgelesen werden. Zur Systematisierung der Verben mit Präpositionen kann L S dazu auffordern, alle Verben mit Präpositionen im Heft untereinander zu schreiben und hinter jedes Verb die Präposition und den zu verwendenden Kasus zu notieren. (*träumen von, zufrieden sein mit, sich entscheiden für, sich ärgern über, sich freuen auf, teilnehmen an, sich erinnern an, denken an*)

▶ *Transkription*
Chris hat es nicht ins Finale geschafft. Trotzdem ist er mit dem Ergebnis zufrieden. Er ist unter den ersten drei von 10.000 Teilnehmern. Alles ist gut gelaufen. Er kann sich über gar nichts ärgern. Er meint, die Zuschauer hätten sich für die anderen Kandidaten entschieden, weil sie einfach besser waren.
Chris hat an dem Wettbewerb „Die Talentshow" teilgenommen, weil er sich auf die Probe stellen wollte. Und er hat gemerkt, dass er für die Bühne geboren ist. Jetzt träumt er also von einer Karriere als Musiker oder Sänger. Er hat schon mit 12 zu singen angefangen. Er erinnert sich sehr gut an seinen ersten Auftritt mit seiner Schülerband.
Chris freut sich wahnsinnig auf die CD, die er mit Jurymitglied Peter produzieren wird. Aber zunächst will er erst mal an seinen Urlaub in Thailand denken.

16 Hörverstehen: S lesen zuerst die fünf Aussagen. S hören dann die Texte zweimal. Beim ersten Mal hören sie nur zu, beim zweiten Mal markieren sie die Antworten. Kontrolle im Plenum.

1. F; 2. R; 3. F; 4. R; 5. R

▶ *Transkription*
Frau: *Casting Shows? Davon halte ich nichts. Ich finde, dass junge Menschen auch ohne Fernsehsender ihr Talent zeigen können. Da müssen nicht Tausende Menschen zuschauen.*
Mann: *Es ist doch super, dass Jugendliche Musik machen. Und die Besten sollen zeigen, was sie können. Da mache ich gerne den Fernseher an und schaue zu.*
Mädchen: *Ich liebe diese Sendungen. Ich würde auch gerne mal mitmachen, aber irgendwie fehlt mir der Mut. Ich könnte nie vor so vielen Menschen singen.*
Frau: *Ich hab mir das mal angesehen. Aber das ist nichts für mich. Die, die da hingehen, können doch gar nicht singen. Wer was kann, wird auch ohne Fernsehsendung berühmt.*
Junge: *Ich finde die Sendungen echt peinlich. Ich mache selber in einer Schülerband Musik und wir haben auch Fans. Wenn wir einen Auftritt haben, kommen immer 100 Leute und mehr.*

17 Einführung und Festigung der Fragen mit Verben und Präpositionen: S lesen die Fragen. Die Fragen werden im Plenum beantwortet. Hier wird der Unterschied zwischen *Woran?* und *An wen?*, d.h. der Gebrauch bei Fragen mit Verben mit Präpositionalergänzung erklärt. Zur Festigung können S einen kleinen Text über ihre Träume, ihren Ärger usw. schreiben.
→ Fragen mit Verben und Präpositionen, S. 87

❯ **Dazu passend: AB, Übung 15–22**

Grammatik auf einen Blick

In dieser Lektion werden der Konjunktiv II und die Konditionalsätze eingeführt. L macht auf die unterschiedlichen Anwendungsmöglichkeiten des Konjunktivs II aufmerksam. Für jede Möglichkeit kann L S auffordern, zwei weitere Beispielsätze zu formulieren. Die Verben mit Präpositionalergänzung können durch Kettenübungen gelernt und memorisiert werden.

Wortschatz: Das ist neu!

In der Lektion wird Wortschatz zum Thema Beziehungen und Ratschläge vertieft. S lernen Wortschatz zu den Themen Talentwettbewerb sowie Wünsche und Träume kennen.

Lösungen Arbeitsbuch

1 2. f; 3. c; 4. g; 5. j; 6. a; 7. i; 8. d; 9. b; 10. h

2 Es ist schwer, dir Tipps zu geben, da ich deine Freundin nicht kenne. Wenn ich du wäre, würde ich mit ihr über das Problem sprechen. Und wenn etwas Schlechtes rauskommen würde, dann solltest du den Kopf nicht hängen lassen. Ich will jetzt nicht der Pessimist sein, aber für mich sieht es so aus, als ob sie sich nicht mehr für dich interessieren würde. Könnte es sein, dass sie hinter jemand anderem her ist? Wünsche Dir alles Gute!

3 2. An deiner Stelle würde ich ihr eine SMS schicken. 3. An deiner Stelle würde ich mit Lisa sprechen. 4. Ich an deiner Stelle würde Lisa eine E-Mail schreiben.

4 2. Wenn ich nicht arm wäre, wäre ich reich. 3. Wenn er nicht intelligent wäre, wäre er dumm. 4. Wenn er nicht autoritär wäre, wäre er tolerant. 5. Wenn sie nicht optimistisch wäre, wäre sie pessimistisch. 6. Wenn sie nicht fleißig wäre, wäre sie faul.

5

	sollen	können	sein	werden
ich	sollte	könnte	wäre	würde
du	solltest	könntest	wärst	würdest
es, es, sie	sollte	könnte	wäre	würde
wir	sollten	könnten	wären	würden
ihr	solltet	könntet	wäret	würdet
sie, Sie	sollten	könnten	wären	würden

6 2. Wenn Lisa mich anrufen würde, wäre ich aufgeregt. 3. Wenn Lisa krank wäre, würde ich sie besuchen. 4. Wenn Lisa Probleme in der Schule hätte, würde ich ihr helfen. 5. Wenn Lisa traurig wäre, würde ich sie trösten. 6. Wenn Lisa Geburtstag hätte, würde ich ihr Blumen schenken.

7

	müssen	dürfen	wollen	haben
ich	müsste	dürfte	wollte	hätte
du	müsstest	dürftest	wolltest	hättest
er, es, sie	müsste	dürfte	wollte	hätte
wir	müssten	dürften	wollten	hätten
ihr	müsstet	dürftet	wolltet	hättet
sie, Sie	müssten	dürften	wollten	hätten

10 **Anke Galanis:** Sie würde immer früh Feierabend machen. Wenn sie mehr Zeit hätte, würde sie mit ihrem Sohn im Wald spazieren gehen oder Fahrrad fahren. Sie würde nicht zu langweiligen Tagungen oder Konferenzen gehen. Sie würde nicht jeden Tag zur Arbeit gehen.
Chris: Er träumt von einer Karriere als Sänger. Er würde auf der Bühne stehen und ein Mikrofon in der Hand halten. Ihm würden Millionen Zuschauer zujubeln.
Claudia Zimmer: Sie sitzt seit fünf Jahren im Rollstuhl. Sie würde stundenlang laufen und sie würde die hässlichen Schuhe ausziehen und mit nackten Füssen laufen.
Jan: Es wäre schön, wenn er mit Messner an einer Expedition teilnehmen würde. Er wäre der glücklichste Mensch der Welt, wenn er mit Messner Arm in Arm auf dem Gipfel des Matterhorns stehen würde.

11 2. …, wenn ich mit meinem Sohn spazieren gehen würde. 3. …, wenn ich an einer Expedition mit Messner teilnehmen würde. 4. …, wenn ich meinen Lieblingssänger treffen würde. 5. …, wenn ich viel Zeit hätte.

12 2. Wenn ich ein Auto hätte, würde ich nicht zu spät kommen. 3. Wenn es nicht regnen würde, würde ich nicht zu Hause bleiben. 4. Wenn ich Lust hätte, würde ich spazieren gehen. 5. Wenn ich mit Timo sprechen müsste, würde ich ihn anrufen. 6. Wenn ich nicht so schüchtern wäre, würde ich an dem Wettbewerb teilnehmen.

13 Casting Sendungen sind das Sprungbrett für junge Menschen um berühmt zu werden und bei den Zuschauern sehr beliebt. Über 10.000 Bewerber und Bewerberinnen folgen der Einladung privater Fernsehsender und zeigen ihr Talent vor einer Jury. Diese Jury besteht zum Beispiel aus Musikern, Musikjournalisten oder Radiomoderatoren. Die Jury sucht die besten Bewerber und Bewerberinnen aus. In den folgenden Sendungen präsentieren sich die Teilnehmer und Teilnehmerinnen vor der Jury und die schickt regelmäßig einige wieder nach Hause. Von Sendung zu Sendung müssen also Bewerber und Bewerberinnen gehen und ihr großer Traum vom Superstar platzt. Für diejenigen, die noch im Rennen sind, wird es immer schwieriger. Bis zum Schluss kämpfen die Besten um den Einzug ins Finale. Im Finale präsentieren sie noch einmal ihr musikalisches Talent. Oft haben nun die Zuschauer zu Hause die Möglichkeit per Telefon über den Sieger abzustimmen. Der Sieger oder die Siegerin erhält einen Plattenvertrag und die Chance ein Superstar zu werden.

15 1. R; 2. F; 3. F; 4. F; 5. R; 6. F; 7. F; 8. F; 9. F; 10. F

▶ *Transkription*

Beate: *Jürgen, was würdest du tun, wenn wir plötzlich viel Geld hätten?*
Jürgen: *Bestimmt würde ich meine Stelle im Büro aufgeben.*
Beate: *Was? Du würdest nicht mehr arbeiten gehen?*
Jürgen: *Nein, ich würde das ganze Jahr Urlaub machen und hätte endlich meine Ruhe. Ich könnte mich also meinen Hobbys widmen: jeden Tag Tennis und Golf spielen.*
Beate: *Ja, und was wäre dann mit uns?*
Jürgen: *Wir? Wir würden natürlich ein Ferienhaus am Meer kaufen, oder vielleicht im Gebirge. Was meinst du?*
Beate: *Mir wäre ein Ferienhaus am Meer lieber, ja … vielleicht in Italien, an der Riviera, oder an der Adria.*
Jürgen: *Gut, an der Riviera.*
Beate: *Ja, Jürgen, aber meinst du, ich sollte auch meine Stelle als Lehrerin aufgeben?*
Jürgen: *Klar! Reiche Leute arbeiten nicht, sie genießen einfach das Leben …*
Beate: *Aber ich liebe meinen Beruf. Und wenn wir unser Geld einfach ausgeben würden, wären wir dann in 5 bis 6 Jahren wieder pleite. Und dann?*
Jürgen: *Ja, Beate, vielleicht hast du Recht. Wir sollten an unsere Kinder denken und das Geld nicht verschwenden.*
Beate: *Unsere Kinder? Aber Jürgen, wir haben nur ein Kind. Meinst du, du möchtest dann eine größere Familie haben?*
Jürgen: *Natürlich! Drei Kinder will ich haben.*
Beate: *Nein, nein, Jürgen, ich habe schon mit einem Kind genug zu tun.*
Jürgen: *Beate, ich glaube, wenn wir reich wären, hätten wir noch viel mehr Probleme …*
Beate: *Ja, wir würden uns öfter streiten, wir hätten Krach … Komm, lassen wir diese Träumerei. Es ist schon 7 Uhr 10. Und dein Bus fährt in 15 Minuten.*
Jürgen: *Was? Schon so spät? Mann, ich muss zur Arbeit!*

16 2. Wenn ich besser gesungen hätte, hätte ich gewonnen. 3. Wenn ich mich nicht mit Martin gestritten hätte, hätte ich nicht Schluss gemacht. 4. Wenn ich mich nicht erkältet hätte, wäre ich zu Hause geblieben.

17 Er wäre nicht so weit gekommen, wenn er öfter an mich gedacht hätte. …, wenn er verständnisvoller gewesen wäre. …, wenn er sich nicht verändert hätte.

18 Der Unfall wäre nicht passiert, wenn ich vorsichtiger gewesen wäre. …, wenn ich nicht mit dem Handy telefoniert hätte, …, wenn ich nicht überholt hätte. …, wenn ich aufgepasst hätte.

20 3. Worauf wartest du? 4. Auf wen wartest du? 5. An wen denkst du? 6. Woran denkst du? 7. Wovor hast du Angst? 8. Vor wem hast du Angst?

21

Verb	Präposition	Kasus
denken	an	Akkusativ
sich freuen	auf	Akkusativ
sich interessieren	für	Akkusativ
sich (gut) verstehen	mit	Dativ
sprechen	mit	Dativ
träumen	von	Dativ
sich ärgern	über	Akkusativ
anfangen	mit	Dativ
teilnehmen	an	Dativ

22 3. Mit wem verstehst du dich gut? Mit Andy? Ja, ich verstehe mich gut mit ihm. 4. Womit fangen wir heute an? Mit Literatur? Ja, wir fangen heute damit an. 5. Wovon träumt Daniel? Von einer Karriere als Sänger? Ja, er träumt davon. 6. Worüber ärgerst du dich? Über den Mathelehrer? Ja, ich ärgere mich über ihn. 7. In wen hast du dich verliebt? In Tina? Ja, ich habe mich in sie verliebt. 8. Um wen kümmerst du dich? Um den Opa? Ja, ich kümmere mich um ihn.

Ich kann …

Lesen
1. F; 2. F

Hören
Christa braucht den Komfort ihrer Wohnung.

▶ *Transkription*
Guten Tag, ich heiße Christa. Wie kann man in einem Bauwagen leben? Für mich ist das eine Horrorvision! Ich brauche den Komfort meiner gemütlichen Wohnung. Ich kann überhaupt nicht nachvollziehen, warum Typen wie Till so alternativ leben wollen. Was ist eigentlich schlecht an einem komfortablen Leben?

Lösungen Zwischenstation 13

Eine Liebesgeschichte

1 1. F; 2. F; 3. F; 4. R; 5. R; 6. F; 7. R; 8. R; 9. R; 10. F; 11. R; 12. R

2 1. Peter schlendert allein durch die Einkaufsstraßen der Stadt. 2. Anders als seine Freunde hat Peter keine Freundin. 3. Am Ende der Lessingstraße liegt eine Disco. 4. Vor dem Eingang sitzt ein Mädchen, das Katja heißt. 5. Da das Mädchen kein Geld hat, bezahlt Peter den Eintritt. 6. In der Disco sucht Katja ihren Freund und unterhält sich nicht weiter mit Peter. 7. Eilig verlässt Peter die Disco. 8. Vor der Disco lernt Peter ein anderes Mädchen kennen. 9. Peter schüttet dem Mädchen sein Herz aus. 10. Das Mädchen und Peter halten Händchen. 11. Da es schon spät ist, geht das Mädchen schnell nach Hause. 12. Die beiden verabreden sich für den folgenden Tag um 3 Uhr im Park.

5

	Herr Schmidt, Mathelehrer	Julia, Mitschülerin	Jens, Mitschüler	Frau Klein, Nachbarin
Er hatte mich einmal in die Disco eingeladen.		X		
Ich dachte, er hatte Probleme in der Schule.				X
Jetzt ist Peter wieder optimistisch.				
Für ihn hat ein neues Leben angefangen.			X	
Er sieht jetzt glücklich aus.	X			

▷ Transkription

Herr Schmidt: *Peter hat sich stark verändert. Endlich sieht er nicht mehr so traurig aus. Früher war er immer schlechter Laune, konnte sich kaum konzentrieren. Jetzt sind seine Schulleistungen viel besser geworden. Ich habe von einem Schüler gehört, dass er bis über beide Ohren verliebt ist.*

Julia: *Peter hatte mir einmal erzählt, dass er sich sehr einsam fühlte. Alle seine Freunde hatten eine feste Freundin, nur er hatte keine. Einmal hatte er mich sogar in die Disco eingeladen. Ich hatte aber abgelehnt … Ich freue mich, dass er nun eine Freundin hat.*

Jens: *Seitdem Peter verliebt ist, sieht er alles durch eine rosa Brille. Er macht Pläne für die Zukunft, hat wieder Vertrauen in sich selbst. Es ist so, als hätte für ihn ein neues Leben angefangen.*

Frau Klein: *In der letzten Zeit hatte sich Peter sehr verändert: Er sah traurig aus und war immer in Gedanken versunken. Ich dachte, dass er Schwierigkeiten in der Schule hatte. Nie wäre ich auf die Idee gekommen, dass er Liebeskummer hatte. Na Gott sei Dank ist jetzt alles wieder in Ordnung.*

6 1. F; 2. F; 3. R; 4. F; 5. R; 6. R

8 1. 70 Prozent der befragten Jugendlichen; 2. Multikulturelle; 3. knüpfen und zu pflegen; 4. Vertrauen

Lektion 27 Familienkonflikte

Sprachhandlungen: über das Verhältnis zu den Eltern sprechen, über Probleme zu Hause sprechen, eine Geschichte schreiben
Strukturen: Fragen und Verben mit Präpositionen, das Verb *lassen*, reflexive Verben, Sätze mit *je ... desto*, Verben mit Wechselpräpositionen

A Verstehst du dich gut mit deinen Eltern?

1 **Einführung in die Lektion:** Zur Einstimmung auf das Thema stellt L Fragen wie *Versteht ihr euch gut mit euren Eltern? Gibt es manchmal Streit bei euch zu Hause? Warum? Sind eure Eltern tolerant, streng, verständnisvoll?* Die Klasse wird nun in vier Gruppen eingeteilt. Jede Gruppe liest einen Text. L klärt unbekannten Wortschatz. Aus jeder Gruppe fasst ein / eine S den Text zusammen. Anschließend lesen alle S die Texte noch einmal leise. Die Zuordnungsübung wird in Einzelarbeit gemacht. Zur Kontrolle wird Übung 2 gemacht.

> Andrea spricht mit ihren Eltern über alles.
> Andrea hat Vertrauen zu ihren Eltern.
> Julian hat kein gutes Verhältnis zu seinen Eltern.
> Julian fühlt sich an der Scheidung seiner Eltern schuldig.
> Thomas interessiert sich wie sein Vater für Sport und Naturschutz.
> Thomas unternimmt viel mit seinem Vater.
> Hanna kommt mit Gerd nicht sehr gut aus.
> Hanna versteht sich glänzend mit ihrer neuen Schwester.

2 **Zur Kontrolle:** L spielt den Text einmal vor und S überprüfen ihre Antworten aus Übung 1 und korrigieren sie bei Bedarf. Zum Schluss können alle Sätze noch einmal vorgelesen werden.

▶ *Transkription*
Andrea spricht mit ihren Eltern über alles.
Andrea hat Vertrauen zu ihren Eltern.
Julian hat kein gutes Verhältnis zu seinen Eltern.
Julian fühlt sich an der Scheidung seiner Eltern schuldig.
Thomas interessiert sich wie sein Vater für Sport und Naturschutz.
Thomas unternimmt viel mit seinem Vater.
Hanna kommt mit Gerd nicht sehr gut aus.
Hanna versteht sich glänzend mit ihrer neuen Schwester.

3 **Fortführung Verben mit Präpositionen:** L liest den ersten Satz aus Übung 1 vor und notiert ihn an der Tafel: *Ich komme sehr gut mit meinen Eltern aus.* L unterstreicht das Verb und die Präposition. L erklärt, dass nach diesem Verb und der Präposition der Dativ folgt. S füllen nun die Tabelle aus. Kontrolle im Plenum.
→ Verben mit Präpositionen, S. 103; *sich*-Verben, S. 104

Verb	Präposition	Kasus
(nicht) gut auskommen	mit	Dativ
sich (nicht) gut verstehen	mit	Dativ
sich ärgern	über	Akkusativ
sich streiten	mit	Dativ
Vertrauen haben	zu	Dativ

4 **Einführung des Verbs lassen:** Zur Einführung des Verbs *lassen* stellt L fragen wie *Sind eure Eltern liberal? Was lassen sie euch (nicht) machen?* Danach erklärt L den Test und erklärt unbekannten Wortschatz. S beantworten die Fragen in Einzelarbeit. Zum Schluss zählen S ihre Ja-Antworten zusammen und lesen die Auswertung. Wahrscheinlich wird eine große Diskussion über die Ergebnisse beginnen. L sollte die Diskussion an dieser Stelle unterbrechen. In Übung 6 bietet sich ausreichend Gelegenheit über das Thema zu sprechen.
→ Das Verb *lassen*, S. 103

5 **Hörverstehen:** S lesen zunächst die Sätze leise. Bei Bedarf klärt L unbekannten Wortschatz. L weist darauf hin, dass zwei Behauptungen nicht in den Stellungnahmen vorkommen. S hören die Aufnahme zweimal. Beim ersten Mal hören sie nur zu, beim zweiten Mal markieren sie ihre Antworten. Kontrolle im Plenum.

	Frau Weber	Frau Keppler	Herr Lang	Herr Körner
Mein Sohn ist nie pünktlich.			X	
Meine Tochter hat noch nicht gelernt, wie man mit Geld umgeht.				X
Meine Tochter bleibt den ganzen Nachmittag im Bett.		X		
Meine Söhne hören immer laute Musik.	X			
Meine Tochter bekommt schlechte Noten in der Schule.		X		
Meine Tochter gibt zu viel Geld aus.				X
Meine Tochter hilft nie im Haushalt.				
Meine Kinder sind so unordentlich.	X			
Mein Sohn kommt oft mit schmutzigen Schuhen nach Hause.				

▶ *Transkription*

Radiomoderator: *Willkommen zur Familienzeit. Kinder ärgern sich, weil ihre Eltern streng sind und ihnen dies und das verbieten. Aber wie ist es umgekehrt? Was ärgert die Eltern am meisten am Verhalten ihrer Kinder? Hier ein paar Meinungen.*

Frau Weber: *Ich habe zwei Söhne, 14 und 16 Jahre alt, und manchmal finde ich sie unmöglich: Sie sind so unordentlich, sie lassen alles überall liegen! In ihrem Zimmer herrscht Chaos! Ich habe ihnen schon hundertmal gesagt, sie sollen immer aufräumen, wenn sie weggehen … alles umsonst! Und wenn sie in ihrem Zimmer sind, ist es meistens so laut, dass sich die Nachbarn beschweren, wegen der lauten Musik. Es ist fast wie in einer Disco!*

Frau Keppler: *Meine Tochter ist 15 und hat Liebeskummer. Ihr Freund hat sie vor zwei Wochen verlassen. Seitdem liegt sie jeden Nachmittag im Bett und denkt über die kaputte Beziehung nach. Die Folge ist, dass sie keine Hausaufgaben macht, sich nicht mehr konzentriert und schon wieder schlechte Noten bekommt. Ich habe mehrmals mit ihr darüber gesprochen und ihr gesagt, dass die Welt nicht untergeht, wenn der Freund dich verlässt … aber es hat alles bisher nichts geholfen!*

Herr Lang: *Mein Sohn kommt immer zu spät nach Hause. Egal, wohin er geht: ins Kino, zu Freunden, zum Sport. Jedes Mal verspätet er sich. Und was mich nervt, ist, dass er immer eine Ausrede parat hat. Letztes Wochenende hatte er versprochen, um Mitternacht wieder zu Hause zu sein. Um 1 war er noch nicht da. Meine Frau und ich waren natürlich sehr besorgt, auch weil er sich auf seinem Handy nicht meldete. Und warum? Der Akku war leer! Ich wollte ihn bestrafen, mit einer Woche Hausarrest, aber meine Frau meint, solche Methoden bringen sowieso nichts.*

Herr Körner: *Meine Tochter gibt einfach viel zu viel Geld aus: das ganze Taschengeld, das sie bekommt: 30 Euro pro Woche von uns und 20 Euro von ihrer Oma. Das heißt sie bekommt 50 Euro die Woche, 200 Euro im Monat!! Das ist für ein junges Mädchen viel Geld! Und trotzdem meint sie, das sei zu wenig, das reiche nicht. Und sie will immer mehr haben. Ich habe ihr schon erklärt, dass wir keine Millionäre sind und dass man mit dem Geld sehr sparsam umgehen soll. Aber sie scheint das alles nicht zu kapieren.*

6 **Freies Sprechen:** Bei dieser Übung können S ihre eigenen Erfahrungen einbringen. L erinnert an das Testergebnis aus Übung 4. L unterteilt die Klasse in Kleingruppen. S sprechen über die Fragen in der Sprechblase. L geht durch die Klasse und gibt Hilfestellung wo nötig.
→ Fragen mit Verben und Präpositionen, S. 103

7 **Festigung des Verbs lassen:** L weist auf die Fragen in Übung 4 hin und bittet S, die Fragen nochmals zu lesen. Zwei S lesen dann den Beispieldialog vor. S führen mit Hilfe der Fragen in Übung 4 die Dialoge. L geht durch die Klasse und achtet auf die korrekte Verwendung des Verbs *lassen*. Zur Kontrolle können einige S einen Dialog vor dem Plenum sprechen.

〉TIPP:
Sie können zu diesem Thema auch Rollenspiele für S vorbereiten. Schreiben Sie auf Kärtchen verschiedene Situationen, die häufig für Streit in Familien sorgen (Hausaufgaben, Taschengeld, Freunde, Weggehen …), je aus Sicht der Eltern und der Kinder. S arbeiten in Partnerarbeit. Jedes Paar erhält ein Kartenset zu einem Thema. Danach üben S ein Rollenspiel ein. Ermuntern Sie S zu schauspielern und zu übertreiben. Das verstärkt den Lerneffekt. 〈

8 **Einführung der Sätze mit *je … desto*:** Ein / eine S liest die Beispielsätze vor. L macht S auf den Satzbau aufmerksam (Inversion nach *desto* und Verwendung des Komparativs der Adjektive). Dann üben S in Partnerarbeit, sie fragen sich gegenseitig und antworten. L geht durch die Klasse und unterstützt S bei der Durchführung der Übung. Zur Kontrolle werden die Dialoge vor dem Plenum gesprochen. Als weiterführende Übung schreiben S die Sätze in ihr Heft.
→ *Je … desto*, S. 104

❯ Dazu passend: AB, Übung 1–10

B Streit und Ärger mit den Eltern

9 **Eine Präsentation halten:** S lesen zunächst den Text und die Aufgabenstellung. L kann für den 3. Teil der Aufgabe themenbezogene statistische Daten aus dem eigenen Land oder einen lokalen Zeitungsartikel mitbringen, den S zusätzlich auswerten. L gibt den Kleingruppen genügend Vorbereitungszeit für die Präsentation. Ein / eine S aus der Gruppe präsentiert dann jeweils im Plenum oder vor einer anderen Gruppe. Die Redemittel können dabei helfen. Alle S können anschließend konstruktives Feedback zur Form der Präsentation geben.

10 **Freies Sprechen:** S werden aufgefordert, ihre Meinung zu äußern. L leitet die Diskussion.

11 **Leseverstehen:** Vor dem Lesen stellt L Fragen wie *Bist du ein ordentlicher Typ? Räumst du selbst dein Zimmer auf? Herrscht Chaos in deinem Zimmer? Was sagt deine Mutter, wenn du alles liegen lässt?* So wird das Thema vorweggenommen bzw. antizipiert. Die Klasse wird in zwei Gruppen aufgeteilt. Die Gruppen lesen je einen Text. Aus jeder Gruppe berichten S dann, was sie gelesen haben. Die Fragen werden in Einzelarbeit schriftlich beantwortet und die Antworten im Plenum verglichen.

1. Frau Koch ärgert sich über die Unordnung im Zimmer ihres Sohnes. 2. Sie bekommt einen Schreck, weil im ganzen Zimmer Chaos herrscht. 3. Patrick ärgert sich darüber, dass seine Mutter nicht versteht, dass er sich in seinem Zimmer wohl fühlt. 4. Nein, das Chaos stört ihn überhaupt nicht.

12 **Einführung Wechselpräpositionen:** L greift noch einmal die Texte aus Übung 11 auf und schreibt die Sätze mit Wechselpräpositionen an die Tafel: *Schmutzige Kleidung liegt auf dem Bett. Auf dem Schreibtisch liegen die Inlineskates.* S werden aufgefordert, die Verben mit der Präposition zu nennen und zu sagen, welcher Kasus verwendet wird. L macht darauf aufmerksam, dass es sich bei diesen Verben um einen Zustand handelt. S betrachten nun das Bild und beschreiben das Bild. Die Sätze werden anschließend im Plenum ergänzt.
→ Verben mit Wechselpräpositionen, S. 104

1. Das T-Shirt liegt auf dem Bett. 2. Die Gitarre steht an der Wand. 3. Die gestreifte Hose hängt an der Tür. 4. Der Jogginganzug liegt auf dem Boden, zwischen dem Bett und dem Stuhl. 5. Die Stiefel stehen vor dem Schrank. 6. Die Inlineskates liegen auf dem Schreibtisch. 7. Der Teddy sitzt unter dem Schreibtisch. 8. Die Flasche steht auf dem Boden neben dem Bett. 9. Der Laptop steht auf dem Stuhl. 10. Das Poster liegt auf dem Boden.

13 Zur Kontrolle hören S die Sätze noch einmal.

▶ *Transkription*
Das T-Shirt liegt auf dem Bett.
Die Gitarre steht an der Wand.
Die gestreifte Hose hängt an der Tür.
Der Jogginganzug liegt auf dem Boden, zwischen dem Bett und dem Stuhl.
Die Stiefel stehen vor dem Schrank.
Die Inlineskates liegen auf dem Schreibtisch.
Der Teddy sitzt unter dem Schreibtisch.
Die Flasche steht auf dem Boden, neben dem Bett.
Der Laptop steht auf dem Stuhl.
Das Poster liegt auf dem Boden.

14 **Festigung der Wechselpräpositionen:** Hier werden die Verben mit Wechselpräpositionen, und zwar die, die eine Aktivität bzw. Bewegung ausdrücken, noch einmal aufgegriffen und eingeübt.
Patricks Mutter hat das Zimmer aufgeräumt. L lädt S dazu ein, das Bild zu beschreiben. L stellt kontrastive Fragen wie: *Wo liegt jetzt das T-Shirt? Wohin hat die Mutter das T-Shirt gelegt? Wo hängt jetzt die Hose? Wohin hat die Mutter die Hose gehängt?* usw. S machen die Übung in Einzelarbeit. Die Ergebnisse werden dann im Plenum vorgetragen und verglichen. L verweist

anschließend auf die Erklärung in der Rubrik *Grammatik auf einen Blick*. Zur Vertiefung können die Sätze auch ins Heft geschrieben werden.
→ Verben mit Wechselpräpositionen, S. 104

15 **Freies Sprechen:** S werden jetzt aufgefordert, sich zum Thema zu äußern und ihre eigene Meinung einzubringen. S lesen die Sätze in den Sprechblasen und formulieren ähnlich Sätze. L leitet die angestoßene Diskussion.

❭ Dazu passend: AB, Übung 11–17

C Von zu Hause abgehauen

16 **Leseverstehen:** L erklärt zunächst die Bedeutung von abhauen. S betrachten das Bild und L fordert S auf, Hypothesen aufzustellen: *Wer ist abgehauen? Warum? Wer ist der Mann, der Radio hört? Wer spricht?* usw. So wird das Thema vorweggenommen bzw. antizipiert. S lesen dann den Text leise für sich. Die Fragen werden im Plenum beantwortet.

1. Ein 15-jähriger Junge, der Jens Becker heißt. 2. Jens wurde zuletzt an der Bushaltestelle an seiner Schule gesehen. 3. Jens ist 1,72 m groß, schlank, hat kurze blonde Haare. 4. Er trägt eine dunkle Jeans und ein schwarzes Sweatshirt. 5. Wer Jens gesehen hat, soll sich bei der Polizei melden.

17 **Freies Sprechen:** Die Hypothesen aus Übung 16 werden hier wieder aufgegriffen und diskutiert. S diskutieren in kleinen Gruppen und notieren, warum Jens wohl abgehauen ist. Anschließend präsentiert jede Gruppe ihre Ergebnisse. L leitet die Diskussion, die nun im Plenum fortgesetzt wird.

18 L liest die SMS von Jens vor. S vergleichen die Hypothesen aus den vorangegangenen Übungen mit dem tatsächlichen Grund, warum Jens abgehauen ist. S ergänzen die fehlenden Fragen im Telefongespräch in Partnerarbeit. L geht durch die Klasse und hilft bei Bedarf. Zur Kontrolle lesen zwei S das Gespräch laut vor.

Zum Beispiel: Jens, wie geht es Dir? – Wo bist du gerade? – Soll ich deinen Vater anrufen? – Warum nicht? – Was willst du denn jetzt machen? – Hast du Geld dabei? / Wovon willst du leben?

19 **Schreibübung mit Vorgaben:** L und S betrachten gemeinsam die Bilder und lesen die Wortschatzhilfe unter den Bildern. L fordert S auf, zwei Sätze zum ersten Bild zu formulieren. Die Sätze werden an die Tafel geschrieben. Anschließend schreiben S zu jedem Bild ein bis zwei Sätze. Zur Kontrolle lesen verschiedene S ihre Geschichte vor.

20 **Freies Sprechen:** S werden jetzt aufgefordert, Stellung zum Thema zu nehmen und ihre Meinung zu äußern. L teilt die Klasse in zwei Gruppen auf. Jede Gruppe übernimmt eine Rolle (Weg von zu Hause? JA und NEIN). Jede Gruppe sucht weitere Argumente. Anschließend leitet L die Diskussion. Dabei präsentiert jede Gruppe ihre Argumente und versucht auf die Aussagen der anderen Gruppen zu reagieren.

❭ Dazu passend: AB, Übung 18–21

Grammatik auf einen Blick

In dieser Lektion wird die Form *je … desto* eingeführt. An dieser Stelle bietet es sich an, die Komparativformen der Adjektive noch einmal zu wiederholen. Bei den Verben mit Wechselpräpositionen empfiehlt sich, mit vielen gegenständlichen Beispielen zu arbeiten. L bringt verschiedene Gegenstände mit in den Unterricht und demonstriert damit die verschiedenen Möglichkeiten Zustand oder Bewegung.

Wortschatz: Das ist neu!

In dieser Lektion lernen S Wortschatz zu Familienkonflikten kennen.

Lösungen Arbeitsbuch

1 1. Ich komme sehr gut mit meinen Eltern aus. 2. Mit meinen Eltern spreche ich über alles. 3. Ich habe leider kein gutes Verhältnis zu meinem Vater. 4. Ich habe das Gefühl, dass ich an der Scheidung meiner Eltern Schuld bin. 5. Wir interessieren uns für Sport und Naturschutz. 6. Ich habe überhaupt keine Beziehung zu dem Freund meiner Mutter. 7. Hast du Vertrauen zu deinen Eltern? 8. Gibt es manchmal Streit bei dir zu Hause. 9. Natürlich streiten wir uns manchmal. Das ist normal, finde ich. 10. Meine Eltern ärgern sich, weil ich so unordentlich bin.

2 2. Worüber ärgern sich deine Eltern? 3. Wofür interessierst du dich? 4. Mit wem verstehst du dich gut? 5. Um wen kümmert sich deine Mutter? 6. Worüber streitet ihr euch? 7. Über wen ärgern sich die Schüler? 8. Mit wem unterhältst du dich?

4

	Stefan	Johanna	Susanne
Persönliche Lage	Einzelkind, sehr einsam	es gibt fast nie Streit; fühlt sich wohl zu Hause	lebt mit der Mutter allein
Verhältnis zur Mutter	nicht gut	eigentlich gut	ganz gut
Verhältnis zum Vater	nicht gut	eigentlich gut	kein Verhältnis
Verhältnis zu anderen Leuten	gutes Verhältnis zum Opa	-	-

▶ *Transkription*

Stefan: *Ich heiße Stefan, bin Einzelkind, und fühle mich deswegen sehr einsam zu Hause. Ich habe weder zu meiner Mutter noch zu meinem Vater ein gutes Verhältnis. Mein Vater ist immer beschäftigt, und meine Mutter ist immer nervös, weil sie mit ihrem Leben als Hausfrau nicht zufrieden ist. Am besten verstehe ich mich mit meinem Opa. Der hat immer Zeit für mich.*

Johanna: *Ich bin Johanna. Naja, zu Hause … es gibt bei mir fast nie Streit. Meine Eltern sind das, was man ein glückliches Ehepaar nennt. Trotzdem fühle ich mich nicht wohl zu Hause. Ich habe das Gefühl, dass ich ihr Glück störe. Sie kümmern sich nämlich nicht sehr um mich. Ich habe keine Probleme: ich bin ein gesundes, ziemlich hübsches Mädchen und sogar die Beste in meiner Klasse. Ich wäre wirklich der glücklichste Mensch auf der Welt, wenn meine Eltern mir zeigten, dass ich für sie wichtig bin.*

Susanne: *Ich bin Susanne. Eigentlich habe ich schon lange vergessen, was Familie bedeutet. Als ich 6 Jahre alt war, ist mein Vater weggegangen. Meine Mutter hat mir nie erklärt, warum. Ich lebe jetzt allein mit meiner Mutter. Wir kommen ganz gut miteinander aus, muss ich sagen. Meine Mutter, die sehr energisch und aktiv ist, macht alles Mögliche, damit ich mich wohl zu Hause fühle. Ich bin ihr sehr dankbar dafür.*

5 2. Nein, meine Eltern lassen mich nicht alleine verreisen. 3. Ja, die Eltern lassen ihre Kinder lange aufbleiben. 4. Nein, meine Mutter lässt mich nicht bis Mittag schlafen. 5. Ja, die Mutter lässt die Kinder alleine im Park spielen. 6. Nein, mein Vater lässt mich nicht rauchen.

6 2. Nein, ich lasse den Tisch von meinem Bruder decken. 3. Nein, ich lasse die Matheaufgabe von meinem Vater lösen. 4. Nein, ich lasse die E-Mail von meiner Schwester schreiben. 5. Nein, ich lasse den PC von einem Fachmann reparieren. 6. Nein, ich lasse das Geschirr von meiner Schwester abwaschen.

7 1. Kinder können Angst bekommen, wenn Eltern sich streiten. 2. Sie haben das Gefühl, sie müssen sich für ein Elternteil entscheiden, weil sie beide Eltern lieben. 3. Kinder brauchen Geborgenheit und Sicherheit. 4. Kinder haben Angst davor, dass sich die Eltern trennen oder scheiden lassen.

8 2. Je strenger meiner Eltern sind, desto schlechter kommen wir miteinander aus. 3. Je mehr wir miteinander sprechen, desto besser lernen wir uns kennen. 4. Je mehr Zeit meine Mutter für mich hat, desto mehr liebe ich sie. 5. Je mehr mein Vater arbeitet, desto weniger Zeit hat er für mich. 6. Je besser ich in der Schule bin, desto zufriedener sind meine Eltern. 7. Je mehr Taschengeld ich bekomme, desto öfter gehe ich ins Kino. 8. Je öfter ich meine Freundin besuche, desto netter ist sie zu mir.

9 2. sich (etwas) wünschen; 3. sich ärgern; 4. sich trennen; 5. sich lieben; 6. sich streiten; 7. sich freuen; 8. sich verspäten

10 1. mir; 2. dich; 3. dich; 4. mir; 5. mich; 6. mich, mich; 7. dir; 8. mir; 9. dich

12 *Zum Beispiel:* Ich hänge den Pullover in den Schrank. Die Reinigungskraft setzt sich auf das Sofa. Der Opa legt sich in das Bett. Die Schülerinnen stellen die Bücher in das Bücherregal.

13 *Zum Beispiel:* Das Bild hängt an der Wand. Der Teddy sitzt auf dem Boden. Meine Schuhe stehen unter dem Schreibtisch. Der Teppich liegt zwischen den Betten.

14 1. liegt; 2. legt; 3. liegt; 4. legen; 5. legt; 6. legen; 7. liegen; 8. liegt

15 1. stellen; 2. stellt; 3. steht; 4. steht; 5. stelle; 6. stellt; 7. steht; 8. steht; 9. stellen; 10. stelle

16 Die Mutter setzt das Kind auf den Stuhl. Wohin setzen wir uns? Auf die Terrasse? Erika setzt sich an den Schreibtisch und lernt. Ich setze mich auf den Boden. Hier ist kein Platz mehr. Am Abend sitzt die ganze Familie vor dem Fernseher. Max setzt sich an den Schreibtisch und lernt. Unsere Gäste sitzen auf dem Sofa und trinken Kaffee. Er setzt sich ins Auto und fährt zur Arbeit. Der Hund sitzt unter der Bank.

17 1. Wo?; 2. Wo?; 3. Wohin?; 4. Wohin?; 5. Wo?; 6. Wo?

18 1. gestellt; 2. gesetzt; 3. gestellt; 4. gehangen; 5. gelegt; 6. gesessen; 7. gehängt; 8. gesetzt; 9. gestellt; 10. gesessen

19 1. Die Schüler und Schülerinnen bekommen am Ende des Schuljahres das Zeugnis. 2. Weil auf dem Zeugnis schlechte Noten stehen und sie Angst haben. 3. Eine Ehrenrunde bedeutet, dass Schüler eine Klasse wiederholen müssen. 4. Eltern sollen sich Zeit nehmen für ihre Kinder und sie beim Lernen unterstützen. Und sie sollen die Kinder nicht bestrafen sondern trösten.

21 1. Herr Bauer unterrichtet Mathe. 2. Nein, er hat eine Fünf bekommen. 3. Die Mutter ist sehr wütend. 4. Julian hat eine Eins bekommen. 5. Er hat gesagt, Julian hat große Fortschritte gemacht und seine Aussprache ist viel besser geworden. 6. Julian war in England und hat da einen Sprachkurs besucht. 7. Nein, sie lobt ihn nicht.

▶ *Transkription*
Mutter: *Na, Julian, wie war's denn heute in der Schule?*
Julian: *Also ... viel Glück habe ich nicht gehabt.*
Mutter: *Wieso denn? Was ist passiert?*
Julian: *Na ja, der Mathelehrer, Herr Bauer, hat die Klassenarbeiten zurückgegeben ...*
Mutter: *Und?*
Julian: *... ich habe eine Fünf bekommen!*
Mutter: *Was? Schon wieder eine Fünf in Mathe? Das hast du verdient. Vor der Klassenarbeit hast du gar nichts gelernt. Du hast den ganzen Nachmittag gefaulenzt!*
Julian: *Fang bitte nicht schon wieder an! Die Mathearbeit war zwar eine Katastrophe, aber dafür habe ich eine Eins in Englisch bekommen!*
Mutter: *Wirklich??*
Julian: *Natürlich! Der Lehrer hat mich abgefragt und ich habe alles gewusst. Er hat gesagt, dass ich große Fortschritte gemacht habe. Meine Aussprache ist viel besser jetzt.*
Mutter: *Das will ich hoffen! Du hast einen ganzen Monat in England verbracht und sogar einen Sprachkurs besucht. Und das hat eine Menge Geld gekostet!*
Julian: *Natürlich! Eine Eins in Englisch ist gar nichts, alles selbstverständlich! Ach, Eltern ... sie sind alle gleich!*

Wortschatztraining

c
1. verstehen; 2. geben; 3. machen; 4. verlieren; 5. ausmachen; 6. nehmen; 7. kritisieren; 8. verbieten

Lektion 28 **Typisch Schweiz**

Sprachhandlungen: Informationen über ein Ereignis oder eine Sache geben, eine historische Geschichte verstehen, über Unterschiede in der Sprache sprechen
Strukturen: das Passiv, Relativsätze, Indefinitpronomen

A Lindt, Toblerone & Co.

1 Einführung in das Lektionsthema: L führt in das Thema ein und stellt Fragen wie *Wart ihr schon einmal in der Schweiz? Kennt ihr die Namen Lindt und Toblerone? Was ist das? Meint ihr, dass Schweizer Schokolade besonders gut schmeckt?* Da der Text sehr lang ist und viel unbekannten Wortschatz enthält, liest L den Text laut vor und erklärt unbekannten Wortschatz. Anschließend lesen S den Text noch einmal leise und machen die Übung in Partnerarbeit. Die Ergebnisse werden in Aufgabe 2 verglichen.

> Die Schweiz besaß keine Kolonien.
> Schokolade gab es nur für Adlige.
> In der Schweiz wurde Schokolade zunächst heimlich konsumiert.
> Die älteste Schokoladenmanufaktur der Schweiz wurde 1819 eröffnet.
> Touristen nahmen Schokolade mit in ihre Heimat.

2 L spielt den Text vor und S überprüfen ihre Lösungen. Anschließend sprechen S die Sätze einzeln nach.

▶ *Transkription*
Die Schweiz besaß keine Kolonien.
Schokolade gab es nur für Adlige.
In der Schweiz wurde Schokolade zunächst heimlich konsumiert.
Die älteste Schokoladenmanufaktur der Schweiz wurde 1819 eröffnet.
Touristen nahmen Schokolade mit in ihre Heimatländer.

3 Hörverstehen: L erklärt, dass es in der Übung um eine Schokoladenfabrik in der Schweiz geht und dass sie ein Interview mit dem Leiter des Werkes hören werden. Zunächst lesen S die Sätze und stellen Vermutungen über die Lösung an. L kann an dieser Stelle auch unbekannten Wortschatz erklären. Dann hören S das Interview zweimal. Beim ersten Mal hören S nur zu, beim zweiten Mal kreuzen S die Antworten an. Die Antworten werden im Plenum verglichen und korrigiert.

1. R; 2. R; 3. F; 4. R; 5. R; 6. R; 7. R; 8. R

▶ *Transkription*
Interviewer: *Die Schweiz ist berühmt für ihre Schokolade. Alle, die Schokolade lieben, wissen, dass die Schweizer Schokolade anders, viel besser schmeckt als die herkömmliche Schokolade. Und alle wissen, dass es in der Schweiz viele Schokoladenfabriken gibt. Toblerone ist zweifelsohne die bekannteste Schokoladenmarke der Schweiz. Wir haben Herrn Lüthi, Leiter des Toblerone-Werks in Bern, ein paar Fragen gestellt. Guten Tag, Herr Lüthi.*
Herr Lüthi: *Grüezi.*
Interviewer: *Herr Lüthi, wann wurde diese Schokoladenfabrik gegründet?*
Herr Lüthi: *Die Tobler-Schokoladenfabrik wurde 1899 gegründet, und zwar von Jean Tobler und seinen Söhnen.*
Interviewer: *Und seit wann gibt es die Toblerone, das berühmte Schokoladen-Dreieck?*
Herr Lüthi: *Die Toblerone ist über 100 Jahre alt! Sie wurde 1908 erfunden. Sie ist eine Mischung aus Schokolade, Mandeln und Honig. Daher der Name Toblerone: Tobler wie der Hersteller, verbunden mit dem Begriff „Torrone", italienisch für Nougat.*
Interviewer: *Tobler als selbständige Schokoladenfabrik gibt es seit Jahren nicht mehr. Sie gehört zum großen Konzern Kraft Foods. Bedeutet das, dass die Toblerone nicht mehr in der Schweiz hergestellt wird?*
Herr Lüthi: *Absolut nicht! Die Toblerone wird zwar in 122 Ländern verkauft, aber sie wird nur in Bern, in unserer Produktionsanlage hergestellt. Toblerone trägt zu Recht das Prädikat „Swiss made", also hergestellt in der Schweiz.*
Interviewer: *Woher kommt die originelle Form mit den charakteristischen Spitzen?*
Herr Lüthi: *Jean Tobler suchte damals eine Alternative zu den traditionellen Schokoladentafeln. Am Ende entschied er sich für die berühmte Dreiecksstange, auf der ein Abbild des Matterhorns gedruckt war.*

Interviewer: *Ließ Tobler seine Schokolade und die einzigartige Form patentieren?*
Herr Lüthi: *Ja, 1909 wurde die Toblerone als Marke eingetragen. Sie war die erste patentierte Milchschokolade mit Mandeln und Honig.*
Interviewer: *Wie viel Schokolade wird hier in dieser Fabrik produziert?*
Herr Lüthi: *Obwohl die Toblerone nur hier in Bern hergestellt wird, und obwohl unsere Produktionsstätte nicht sehr groß ist – insgesamt arbeiten hier 370 Personen – wird heute hier mehr Toblerone produziert als je zuvor. Stellen Sie sich vor: die aneinander gereihte Tagesproduktion ergibt eine Strecke von 283 km!! Das sind ungefähr 150 Tonnen am Tag.*
Interviewer: *Herr Lüthi, vielen Dank für das interessante Gespräch.*
Herr Lüthi: *Bitte sehr, gern geschehen. Und das ist ein kleines Präsent für Sie: Die Jumbo-Toblerone, die größte verkäufliche Toblerone der Welt. Sie ist 4,5 kg schwer!*
Interviewer: *Vielen Dank. Ich liebe Toblerone, und meine Kinder auch.*

4 **Festigung des Passivs:** Hier wird das Passiv, das S aus der Lektion 24 schon bekannt ist, noch einmal aufgegriffen und eingeübt. S üben in Partnerarbeit, sie fragen sich gegenseitig und antworten. L geht durch die Klasse, um S zu unterstützen. Zur Kontrolle können einige S ihre Dialoge vor dem Plenum vorsprechen.
→ Das Passiv, S. 116

5 **Festigung des Passivs im Perfekt:** Zwei S lesen den Beispieldialog. S üben dann in Partnerarbeit. S fragen sich gegenseitig und antworten. L geht durch die Klasse, um die korrekte Durchführung der Übung zu gewährleisten. Zur Kontrolle können einige S ihre Dialoge vor dem Plenum vorsprechen.

6 **Leseverstehen:** S lesen den Text leise. L erklärt unbekannten Wortschatz. Anschließend machen S die Übung in Partnerarbeit. S lesen zur Kontrolle die Sätze im Plenum vor. Zur Vertiefung schreiben S die Sätze in ihre Hefte.

7 **Freies Sprechen:** L erklärt die Wörter in den Sprechblasen und weist S darauf hin, dass ein Bericht durch diese Wörter gegliedert werden kann. S machen die Übung in Partnerarbeit. L geht durch die Klasse, um S bei der Durchführung der Übung zu unterstützen.

Einige S können ihre Beschreibung vor dem Plenum vorsprechen. Die Kontrolle erfolgt in Übung 8.

8 Zur weiteren Festigung spielt L die Sätze vor.

▶ *Transkription*
So wird Schokolade hergestellt: Zuerst werden die Kakaobohnen gründlich gereinigt. Dann werden sie geröstet und zermahlen. Dann wird die Kakaomasse mit Kakaobutter und Zucker gemischt. Die Schokoladenmasse wird drei Tage lang gerührt. Die fertige Schokolade wird dann abgekühlt. Zum Schluss wird die Schokolade zu Tafeln und Pralinen geformt und auf den Markt gebracht.

9 **Festigung des Passivs im Perfekt:** L liest den Beispieldialog vor. Anschließend machen S die Übung in Partnerarbeit. S fragen sich gegenseitig und antworten. L geht durch die Klasse, um S bei der Durchführung der Übung zu unterstützen. Zur Kontrolle sprechen einige S die Dialoge vor dem Plenum.

❭ **Dazu passend: AB, Übung 1–8**

B Wer war Wilhelm Tell?

10 **Einführung in das Thema:** L stellt Fragen wie *Kennt ihr Wilhelm Tell? Warum ist er in der Schweiz so bekannt?* und aktiviert dadurch eventuelle Vorkenntnisse. L liest dann die kurze Einführung laut vor. L lädt S dazu ein, Hypothesen über einen möglichen Verlauf der Wilhelm-Tell-Sage aufzustellen. L notiert die einzelnen Vorschläge an der Tafel. S betrachten die Bilder und lesen die Begriffe. L erklärt die Begriffe. S machen die Übung in Partnerarbeit. Kontrolle und Vergleich im Plenum.

1. E; 2. I; 3. D; 4. B; 5. C; 6. H; 7. G; 8. F; 9. A

11 **Leseverstehen:** L liest die Sätze A bis F laut vor. L erklärt den unbekannten Wortschatz. S machen die Zuordnungsübung in Partnerarbeit. Anschließend werden die Ergebnisse im Plenum verglichen. Einzelne S lesen die Sätze in der richtigen Reihenfolge vor.

1. C; 2. A; 3. F; 4. E; 5. B; 6. D

12 **Leseverstehen:** S lesen die Fragen und beantworten sie in Partnerarbeit. Die Ergebnisse werden im Plenum vorgetragen und verglichen.

1. Wilhelm Tell hat angeblich zwischen dem 13. und 14. Jahrhundert gelebt. 2. Damals regierte Landvogt Geßler in Altdorf. 3. Alle Bürger mussten den Hut grüßen, den Geßler auf eine Stange auf dem Dorfplatz aufgesteckt hatte. 4. Weil er sich geweigert hatte, den Hut des Landvogtes zu grüßen. 5. Weil Tell zugegeben hatte, dass er Geßler erschossen hätte, wenn der Apfelschuss misslungen wäre. 6. Da ein Sturm losgebrochen war, banden die Schiffer Tell los und übergaben ihm das Steuer. 7. Tell erschoss ihn mit seiner Armbrust.

13 Einführung Relativsätze mit wer / was: Zunächst lesen S die Satzanfänge und Satzenden. Dann hören S das Interview zweimal. Zur Kontrolle lesen S die vollständigen Sätze vor. Anschließend schreibt L den Satz *Das fiktive Interview findet im Jahr 1293 statt.* an die Tafel. L stellt den Satz zu einem Relativsatz um: *Das Interview, das im Jahr 1293 stattfindet, ist fiktiv.* L lädt S ein, aus den anderen Sätzen der Übung einen Relativsatz zu machen. L verweist S auf die Erklärung in der Rubrik *Grammatik auf einen Blick*.
→ Relativsätze, S. 116

2. g; 3. d; 4. a; 5. h; 6. e; 7. b; 8. f

▶ *Transkription*
Interviewer: *Man schreibt das Jahr 1293 und ich bin hier auf dem Marktplatz von Altdorf. Neben mir steht Wilhelm Tell, der neue Nationalheld der Schweiz. Herr Tell, wie fühlt man sich als Held?*
Wilhelm Tell: *Ich muss sofort sagen, dass ich mich nicht als Held fühle. Als ich mich geweigert habe, den Hut zu grüßen, den Landvogt Geßler auf der Stange auf dem Dorfplatz ausgestellt hatte, habe ich ganz spontan gehandelt. Klar, dieser Geßler war mir nie sympathisch gewesen …*
Interviewer: *Aber mit Ihrem Verhalten haben Sie das Leben Ihres Sohnes aufs Spiel gesetzt.*
Wilhelm Tell: *Das ist wahr. Aber ich bin ein guter Schütze und ich habe nie daran gezweifelt, dass ich den Apfel treffen würde.*
Interviewer: *Sie hatten aber einen zweiten Pfeil dabei. Und Sie haben selbst zugegeben: wenn etwas schief gegangen wäre, hätten Sie den zweiten Pfeil benutzt, um den Landvogt zu erschießen.*
Wilhelm Tell: *Richtig, aber wie gesagt, ich war mir ziemlich sicher, dass mein Sohn heil davonkommen würde. Und in der Tat habe ich den Apfel genau in der Mitte getroffen.*
Interviewer: *Sie haben dann den Landvogt getötet. Musste das sein?*
Wilhelm Tell: *Das war nicht nur ein Akt der Selbstverteidigung – er hatte nämlich mich verhaften lassen und ich sollte in seiner Burg eingesperrt werden – sondern sein Tod war notwendig, um meine Eidgenossen von der Tyrannei zu befreien!*
Interviewer: *Ihre Tat ist dann zum Symbol für den Freiheitsdrang der Menschen geworden. Viele Dichter und Künstler werden sich in Zukunft von dieser Tat inspirieren lassen …*
Wilhelm Tell: *Ja, ich weiß, dass ein Deutscher, ein gewisser Friedrich Schiller, mir im Jahr 1804 ein Drama widmen wird. Und ein Italiener, ein Musiker, Gioacchino Rossini, wird im Jahr 1829 sogar eine Oper komponieren.*
Interviewer: *Entschuldigung, woher wissen Sie das???*

14 Freies Sprechen: S sollen hier das Interview, das sie in Übung 13 gehört haben, rekonstruieren. S machen das Interview in Partnerarbeit und wechseln die Rollen. L achtet darauf, dass S dabei schauspielern, um das Interview so realistisch wie möglich werden zu lassen. Zur Kontrolle können einige Dialoge im Plenum vorgespielt werden.

❯ Dazu passend: AB, Übung 9–11

C Verstehst du „Schwyzerdütsch"?

15 Vor dem Lesen: L lässt S das Wort *Schwyzerdütsch* mehrmals laut aussprechen. L schreibt dann das Wort an die Tafel und daneben die deutsche Übersetzung *Schweizerdeutsch*. L fragt S, ob sie die Mundart Schwyzerdütsch schon gehört haben (vielleicht waren einige S schon in der Schweiz oder haben Sendungen im Schweizer Fernsehen gesehen). Um S zu beruhigen, kann L sagen, dass die Deutschen selbst die schweizerische Mundart nicht verstehen und dass sehr oft im deutschen Fernsehen Interviews und Gespräche mit Schweizern mit Untertiteln laufen! L liest den Text laut vor und erklärt den unbekannten Wortschatz. Die Aufgabe wird im Plenum gemacht.

1. b; 2. a; 3. b

16 **Lesen:** S lesen einen Text auf Schwyzerdütsch. L erklärt, dass es erst mal nur um das Kennen lernen geht und nicht um exaktes Verstehen oder Übersetzen. Als ersten Schritt versuchen S in Partnerarbeit mit Hilfe des Textes die Zuordnungsübung der Schwyzerdütsch- und Hochdeutsch-Wörter. Kontrolle nach Übung 17.

1. c; 2. d; 3. a; 4. b

17 **Hörverstehen:** S hören zur Kontrolle den gleichen Text aus Aufgabe 16 auf Hochdeutsch. Während des Hörens lesen S den Text mit. Anschließend fragt L nach den Eindrücken: *Wie klingt Schwyzerdütsch für Euch? Ist es sehr schwer zu verstehen? Welche Unterschiede zu Hochdeutsch habt ihr festgestellt?*

▶ *Transkription*
*Sprache in der Schweiz: Schweizerdeutsch
Schweizerdeutsch ist eine Sammelbezeichnung für diejenigen alemannischen Dialekte, die in der Schweiz gesprochen werden. In seinem Buch „Was ist eigentlich Schweizerdeutsch?" definiert Dr. Arthur Baus schon im ersten Satz, dass Schweizerdeutsch die Umgangssprachen seien, die im alemannischen Teil von der schweizerischen Eidgenossenschaft gültig seien. Es sei die direkte Fortsetzung des Idioms, das die alemannischen Einwanderer mit sich gebracht hätten, die sich in der Schweiz niedergelassen hatten.*

18 **Freies Sprechen:** L weist noch einmal auf den Text aus Übung 16 hin. Einige S lesen den Text laut vor. L fordert S auf, Adjektive zum Beschreiben einer Sprache zu nennen und notiert diese an der Tafel. L regt dann eine Diskussion über Schwyzerdütsch an. S können auch Beispiele nennen, die sie gut verstanden haben und Ähnlichkeiten aufweisen.

19 **Erweiterung des Wortschatzes:** Das Schwyzerdütsch unterscheidet sich nicht nur durch seine Aussprache vom Hochdeutschen, sondern enthält auch eigene Vokabeln, so genannte Helvetismen, die nur in der Schweiz gebräuchlich sind. S machen die Zuordnungsübung in Partnerarbeit. L kann den Tipp geben, dass manche Wörter über die Wortart oder durch einen ähnlich klingenden Wortstamm erkannt werden können. Einige Wörter werden S raten müssen. Korrektur im Plenum.

1. d; 2. j; 3. l; 4. i; 5. g; 6. a; 7. h; 8. c; 9. f; 10. n; 11. b; 12. m; 13. e; 14. k

20 **Hörverstehen:** S können nun die Aussprache der Vokabeln selber anhören. Zunächst hören S nur zu, anschließend sprechen sie die Wörter nach.

▶ *Transkription*
das Billet, der Camion, einnachten, die Garage, grillieren, das Lavabo, das Rotlicht, das Natel, parkieren, der Pneu, die Reservation, speditiv, das Trottoir, das Velo

21 **Einführung der Indefinitpronomen:** L erklärt, dass die Indefinitpronomen als Stellvertreter für ein Nomen verwendet werden und genauso wie Adjektive dekliniert werden. S füllen die Tabelle in Einzelarbeit aus. Vergleich und Kontrolle im Plenum. L verweist auf die Rubrik *Grammatik auf einen Blick*.
→ Indefinitpronomen, S. 117

	maskulin	neutral	feminin	Plural
Nominativ	(k)einer	(k)ein(e)s	(k)eine	welche / keine
Akkusativ	(k)einen	(k)ein(e)s	(k)eine	welche / keine

22 **Festigung der Indefinitivpronomen:** S lesen die Beispieldialoge und machen dann die Übung in Partnerarbeit. Sie fragen sich gegenseitig und antworten. L geht durch die Klasse und hilft ggf. Zur Kontrolle lesen S die Dialoge im Plenum vor.

23 **Freies Sprechen:** Zur Vorbereitung sammelt L mit den S Informationen zu deutschen Dialekten und eventuell Dialekten in der Muttersprache. S machen die Übung in Partnerarbeit. Sie wählen eins der Themen und fragen sich gegenseitig. L geht durch die Klasse und achtet darauf, dass jeder / jede S ungefähr den gleichen Redeanteil hat und dass die Übung ungefähr 3 Minuten dauert. Das dient der Vorbereitung auf die Prüfung „Goethe-/ÖSD-Zertifikat B1". Zur Kontrolle können einige S das gewählte Thema wie im Prüfungsformat im Plenum vortragen.

❯ **Dazu passend: AB, Übung 12–19**

Landeskunde

S erhalten in vier Texten Informationen zu Großveranstaltungen in Deutschland, Österreich und in der Schweiz. L kann zur Veranschaulichung weitere Fotos und Informationen mit in die Klasse bringen. S lesen die Texte leise. L gibt den Hinweis, dass S die Texte eher überfliegend lesen sollen. Dann ordnen S die Texte den Bildern im Plenum zu. Für die nächste Übung teilt L die Klasse in vier Gruppen ein. Jede Gruppe liest einen Text, macht Notizen und präsentiert die Ergebnisse vor dem Plenum.
Die Klasse kann daraus auch ein Projekt machen, bei der jede Gruppe zu einer Veranstaltung im Internet recherchiert und ein Lernposter für das Klassenzimmer gestaltet.

1. A; 2. D; 3. B; 4. C

Grammatik auf einen Blick

Diese Lektion erweitert das Passiv um das Präteritum und Perfekt. Zur Vertiefung des Passivs kann L weitere Abläufe und Prozesse (siehe Übung 6) beschreiben lassen. Es bieten sich Rezepte oder Herstellungsprozesse an. Die Indefinitpronomen sind neu in dieser Lektion, aber die Deklination der Adjektive ist S bekannt. L kann vor der Einführung der Indefinitpronomen die Deklination der Adjektive wiederholen.

Wortschatz: Das ist neu!

In dieser Lektion lernen S Wortschatz zu Herstellungsprozessen, geschichtlichen Beschreibungen und linguistische Begriffe zur Beschreibung von Sprache kennen.

Lösungen Arbeitsbuch

1 2. Das Oktoberfest wird jedes Jahr von sieben Millionen Touristen besucht. 3. Weihnachtsmärkte werden in der Adventszeit von vielen deutschen Städten organisiert. 4. Viele Souvenirs werden von Touristen gekauft. 5. Der Schüler wird von der Lehrerin abgefragt. 6. Viele kulturelle Veranstaltungen werden vom Verein organisiert. 7. Der Artikel über den Klimawandel wird von einem Journalisten geschrieben.

2 2. Die Schokolade wird von den Touristen gekauft. Die Schokolade wurde von den Touristen gekauft. Die Schokolade ist von den Touristen gekauft worden. 3. Der Nationalfeiertag wird von den Schweizern gefeiert. Der Nationalfeiertag wurde von den Schweizern gefeiert. Der Nationalfeiertag ist von den Schweizern gefeiert worden. 4. Die neuen Produkte werden von den Produzenten gezeigt. Die neuen Produkte wurden von den Produzenten gezeigt. Die neuen Produkte sind von den Produzenten gezeigt worden.

3 2. Die Hymne „An die Freude" wurde von Beethoven komponiert. 3. Die Relativitätstheorie wurde von Einstein entdeckt. 4. Das Programm „Windows95" wurde von Bill Gates erfunden. 5. Die „Mona Lisa" wurde von Leonardo da Vinci gemalt. 7. Die „Brandenburgischen Konzerte" sind von Bach komponiert worden. 8. Amerika ist von Columbus entdeckt worden. 9. Die Telegraphie ist von Marconi erfunden worden. 10. „Der Schrei" ist von Munch gemalt worden.

4 2. Sie ist schon operiert worden. 3. Es ist schon repariert worden. 4. Er ist schon gedreht worden. 5. Er ist schon interviewt worden. 6. Es ist schon prämiert worden. 7. Er ist schon geschmückt worden. 8. Sie ist schon eröffnet worden.

6 In dieser Klasse wird zu wenig gelernt. In diesem Geschäft werden Souvenirs verkauft. Bei uns wird bis 8 Uhr gefrühstückt. Eine lange Pause wird um 10.30 Uhr gemacht. Viel Schokolade wird gegessen.

7 Hier kann mit Kreditkarte bezahlt werden. Hier darf nicht telefoniert werden. Hier darf nicht geparkt werden. Hier darf nicht gegessen werden. Hier darf Fahrrad gefahren werden.

8 2. Es dürfen aber während des Unterrichts keine SMS geschickt werden. 3. Es darf im Unterricht aber nicht gegessen und getrunken werden. 4. Es dürfen aber keine Comichefte mit in die Schule gebracht werden. 5. Es darf aber während der Mathestunde nicht geschlafen werden. 6. Es darf aber während des Unterrichts nicht telefoniert werden.

9 2. Wer; 3. Was; 4. Was; 5. Wer; 6. Wer; 7. Wer; 8. Was

10 2. Wer nicht lernt, bekommt schlechte Noten. 4. Das, was du gemacht hast, ist sehr schlimm. 5. Wer Probleme hat, sollte mit seinen Eltern darüber sprechen. 6. Diesen Menschen, die uns geholfen haben, müssen wir danken. 7. Die Personen, die uns zum Essen eingeladen haben, müssen wir auch einladen. 8. Das, was ich heute gehört habe, kann doch nicht wahr sein.

11 2. Das ist das Interessanteste, was ich je gehört habe. 3. Das ist das Beste, was ich je getan habe. 4. Das ist das Langweiligste, was ich je erlebt habe. 5. Das ist das Aufregendste, was ich je erlebt habe. 6. Das ist das Schönste, was ich je gesehen habe. 7. Das ist das Spannendste, was ich je gelesen habe. 8. Das ist das Beste, was ich je gegessen habe.

12 2. eine; 3. ein(e)s; 4. einer; 5. einer; 6. eine; 7. ein(e)s; 8. eine

13 2. Ja, ich brauche ein(e)s. Ich habe noch kein(e)s. 3. Nein, ich brauche kein(e)s. Ich habe schon ein(e)s. 4. Ja, ich brauche eine. Ich habe noch keine. 5. Nein, ich brauche keinen. Ich habe schon einen. 6. Ja, ich brauche ein(e)s. Ich habe noch kein(e)s. 7. Nein, ich brauche keine. Ich habe schon eine. 8. Ja, ich brauche einen. Ich habe noch keinen.

14 1. Nein, ich habe keinen. 2. Ja, es sind noch welche da. 3. Ja, ich habe welche dabei. 4. Ja, ich habe welche.

15 2. Wir haben keinen Kaffee mehr. Wir müssen noch welchen kaufen. 3. Wir haben keinen Käse mehr. Wir müssen noch welchen kaufen. 4. Wir haben keine Milch mehr. Wir müssen noch welche kaufen. 5. Wir haben kein Bier mehr. Wir müssen noch welches kaufen. 6. Wir haben keine Butter mehr. Wir müssen noch welche kaufen. 7. Wir haben keinen Kuchen mehr. Wir müssen noch welchen kaufen. 8. Wir haben kein Obst mehr. Wir müssen noch welches kaufen. 9. Wir haben keine Bananen mehr. Wir müssen noch welche kaufen. 10. Wir haben keine Äpfel mehr. Wir müssen noch welche kaufen.

16 1. Ich kenne (k)ein(e)s von den Mädchen da. 2. Ja, ich habe noch welche. 3. Endlich habe ich einen gefunden. 4. Die Bücher waren alle sehr interessant, aber ich habe keine gekauft. 5. Möchtest du welche? 6. Ist noch welches zu Hause? 7. Ja, in der Küche ist noch welcher. 8. Hier ist ein(e)s.

17 1. Bisher wird vorwiegend Schweizerdeutsch gesprochen. 2. Die Broschüre soll Werbung für Hochdeutsch machen, weil in den Schulen so viel Schweizerdeutsch gesprochen wird. Lehrer sollen auch im Unterricht Hochdeutsch sprechen. 3. Die Lesefähigkeit auf Hochdeutsch war bei den Schweizer Schülern sehr schlecht. In den Schulen wird vorwiegend Schweizerdeutsch gesprochen, Hochdeutsch aber nur geschrieben.

18

Schwyzerdütsch in der Schule:	Lehrer und Schüler sprechen Schwyzerdütsch miteinander
Hochdeutsch als Unterrichtssprache:	in Deutsch, Geschichte und Mathe wird Hochdeutsch gesprochen; erst in der Schule lernt man Hochdeutsch
Schweizer Fernsehen:	außer Informationssendungen sind alle Sendungen auf Schwyzerdütsch, wirkt sich aber nicht auf die Sprachkompetenz aus
Schwyzerdütschverbot an den Schulen?:	Verbote bewirken nichts, lieber informieren und weiterbilden

▶ *Transkription*
Interviewer: *Guten Tag, Herr Sprüngli.*
Herr Sprüngli: *Grüezi!*
Interviewer: *Herr Sprüngli, Sie sind Schulleiter eines Gymnasiums in Zürich und werden täglich mit dem Thema „Hochdeutsch statt Schwyzerdütsch" konfrontiert. Was können Sie dazu sagen?*
Herr Sprüngli: *Tatsache ist, dass sowohl Lehrer als auch Schüler vorwiegend Schwyzerdütsch miteinander sprechen. Das bedeutet aber nicht, dass im Unterricht nur Schwyzerdütsch gesprochen wird. Im Gegenteil. Es gibt Fächer wie Deutsch, Geschichte und Mathe, wo Hochdeutsch gesprochen wird.*
Interviewer: *Deutsch als Unterrichtssprache. Das klingt so, als wäre Hochdeutsch für Ihre Schüler eine Art … Fremdsprache.*
Herr Sprüngli: *Stimmt, Sie haben Recht. Es ist tatsächlich so. Erst in der Schule fängt man bei uns in der Deutschschweiz an, Hochdeutsch zu reden.*
Interviewer: *An Ihrer Schule sind bestimmt Schüler aus der französischen bzw. italienischen Schweiz. Für sie ist schon Hochdeutsch eine Fremdsprache. Wie kommen diese Schüler mit Schwyzerdütsch zurecht?*
Herr Sprüngli: *Wie ich schon gesagt habe, in einigen Fächern ist Hochdeutsch die Unterrichtssprache. Aber ich verstehe natürlich, dass es für diese Schüler nicht so einfach ist, Hochdeutsch und dazu noch Schwyzerdütsch zu lernen. Aber es ist bei uns in der Schweiz eben so.*
Interviewer: *Die meisten Programme im Schweizer Fernsehen sind in Dialekt. Wirkt sich das nicht negativ auf die Entwicklung der Sprachkompetenz der Schüler aus?*
Herr Sprüngli: *Zwar sendet das Schweizer Fernsehen aus Konkurrenzgründen mit Ausnahme der Informationssendungen zunehmend in Schweizerdeutsch. Aber die Jungendlichen machen keinen Unterschied zwischen in- und ausländischen Programmen. Und die meisten Filme sind ohnehin auf Hochdeutsch. Zu Ihrer Frage: Nein, ich glaube nicht, dass unsere Schüler eine schwache Sprachkompetenz haben.*
Interviewer: *Einige Ihrer Kollegen haben durchgesetzt, dass in der Schule kein Dialekt, sondern nur Hochdeutsch gesprochen wird. Wie sehen Sie das?*
Herr Sprüngli: *Ich glaube nicht, dass Verbote etwas bewirken können. Natürlich will ich, dass meine Schüler auch perfekt Hochdeutsch sprechen. Aber wir setzen lieber auf Information und Weiterbildung.*
Interviewer: *Vielen Dank, Herr Sprüngli.*
Herr Sprüngli: *Bitte sehr.*

Wortschatztraining

b
1. der Dialekt; 2. das Hochdeutsch; 3. der Geschmack; 4. der Rohstoff; 5. die Umgangssprache; 6. der Freiheitskämpfer

Ich kann …

Lesen
1. R; 2. F

Hören
Die Frau findet ihre Söhne unmöglich.
Nachbarn beschweren sich über laute Musik.

▶ *Transkription*
Ich habe zwei Söhne, 14 und 16 Jahre alt, und manchmal finde ich sie unmöglich: Sie sind so unordentlich, sie lassen alles überall liegen! In ihrem Zimmer herrscht Chaos! Ich habe ihnen schon hundertmal gesagt, sie sollen immer aufräumen, wenn sie weggehen … alles umsonst! Und wenn sie in ihrem Zimmer sind, ist es meistens so laut, dass sich die Nachbarn beschweren, wegen der lauten Musik. Es ist fast wie in einer Disco!

Lösungen Zwischenstation 14

Sprechen Sie Denglisch?

1 2. e; 3. b; 4. f; 5. a; 6. c; 7. d

3 1. e; 2. m; 3. f; 4. j; 5. a; 6. b; 7. i; 8. c; 9. l; 10. d; 11. n; 12. g; 13. k; 14. h

4 1. Moderatorin; 2. Mila; 3. Philippe; 4. Moderatorin; 5. Mila; 6. Mila; 7. Philippe; 8. Mila

▶ *Transkription*

Moderatorin: *Hallo, liebe Hörerinnen und Hörer! Herzlich willkommen zu unserer Sendung "So sehe ich das!". Heute beschäftigen wir uns mit einem Thema, das sicher nicht nur Germanistikstudierende oder Deutschlehrerinnen und -Lehrer interessiert. In unserer Talk-Runde geht es nämlich — ja, Sie ahnen es vielleicht schon — um "Anglizismen in der deutschen Sprache". Ins Studio haben wir wie immer zwei Gäste eingeladen: Mila Raab studiert Germanistik an der Uni Bielefeld …*

Mila: *Einen schönen guten Morgen und danke für die Einladung!*

Moderatorin: *Philippe Fromm ist Schüler an einem Gymnasium in Hannover.*

Philippe: *Hallo.*

Moderatorin: *Viele unserer Hörerinnen und Hörer — zugegeben eher die ältere Generation — beklagen den zu starken Einfluss vor allem der amerikanischen Kultur und den Zwang, sie im Fernsehen, im Kino und im Alltag konsumieren zu müssen. Viele wehren sich dagegen, indem sie eben bewusst keine englischen Wörter benutzen. Wie die junge Generation dieses Problem sieht und was sie darüber denkt, das wollen wir heute hier diskutieren. Mila, wie ist denn deine Meinung dazu?*

Mila: *Na ja, es ist doch mittlerweile allgemein bekannt, dass Sprachen sich immer im Fluss befinden, sich ständig verändern und weiterentwickeln. So gesehen erscheint es natürlich, dass sich in unserer Zeit so viele Anglizismen durchgesetzt haben. Wir sprechen ja heute auch nicht mehr wie die Minnesänger im Mittelalter. Und wir dürfen nicht vergessen, dass es sich mit den Sprachen ähnlich wie zum Beispiel mit der Kultur verhält: Es ist nicht einfach nur ein luftleerer Raum, der vor den Einflüssen der Außenwelt geschützt werden muss. Sprachen werden eben von anderen Sprachen beeinflusst.*

Moderatorin: *Philippe, deine erste Fremdsprache ist Englisch. Außerdem bist du ja zweisprachig aufgewachsen, richtig? Wie siehst du das?*

Philippe: *Ja, das stimmt. Meine Mutter ist Französin, sie kommt aus Nizza. Wir haben zu Hause Deutsch und Französisch gesprochen. Das war teilweise recht lustig, so eine Mischung aus beiden Sprachen. Aber ich habe es nie als etwas Negatives empfunden, ganz im Gegenteil. Klar hab' ich die Sprachen manchmal durcheinandergebracht, aber wie man sehen … ähm … hören kann, habe ich richtig Deutsch gelernt und mein Französisch ist auch ganz passabel — oh, das kommt ja aus dem Französischen!*

Moderatorin: *Ja, da hast du recht! Oft wird auch damit argumentiert, dass die deutsche Sprache an Wert und Schönheit verliert, wenn wir zu viele Anglizismen benutzten. Ich kann mich noch sehr gut erinnern, dass wir viele kritische Anrufe und E-Mails bekommen haben, nachdem es bei der Deutschen Bahn nur noch Tickets gab und sie die Service Points eingeführt hatte. Ist es vielleicht nicht so, dass die Entwicklung der Sprache eher stagniert, wenn man sich bei anderen Sprachen einfach nur bedient und Wörter ersetzt?*

Mila: *Ja, das kann schon richtig albern sein, wenn man krampfhaft versucht, nicht nur Anglizismen, sondern generell zu viele Fremdwörter zu benutzen. Ich bin ganz entschieden gegen die verbreitete Tendenz, unbedingt und auf alle Fälle Anglizismen zu benutzen, auch dort, wo man ganz normale deutsche Ausdrücke verwenden kann. Gegen fair, Interview, Trainer, Doping oder Slang ist ja nichts einzuwenden. Aber da, wo man problemlos etwas auf Deutsch sagen kann, brauchen wir meiner Meinung nach keine Anglizismen, wie zum Beispiel fighten statt kämpfen oder cancelen statt streichen. Dadurch wird tatsächlich der Stellenwert der deutschen Sprache geschwächt und das finde ich nicht in Ordnung.*

Philippe: *Ich muss ganz ehrlich sagen, dass ich die Debatte um zu viele Anglizismen im Deutschen nicht so richtig nachvollziehen kann. Wie Sie schon gesagt haben, ist Englisch meine erste Fremdsprache und mittlerweile so selbstverständlich, dass ich mich frage, warum man sich über englische Wörter im Deutschen noch aufregen kann. Auf der anderen Seite weiß ich aber, dass in Frankreich schon sehr streng gegen ausländische Ausdrücke und insbesondere gegen Anglizismen vorgegangen wird. Die Linguisten der Academie Francaise suchen passende Ausdrücke für alle Fremdwörter.*

Moderatorin: *Ja, interessant ist, dass es auch funktioniert.*

Philippe: *Ich finde, man sollte mit seinen Englischkenntnissen nicht angeben. Etwa nach dem Motto: Schau, was ich kann, ich kenne mich mit der Sprache super aus und bin voll cool! Das finde ich — auf gut Deutsch gesagt — einfach nur doof.*

Mila: *Natürlich ist es auch der Zeitgeist, zu zeigen, dass man Englisch kann. Ich glaube, wir müssen einfach akzeptieren, dass Anglizismen Bestandteile der deutschen Sprache sind. Wenn Englisch, dann aber bitte richtig, bei Sätzen wie "I only understand train station." verstehe ich wirklich nur Bahnhof!*

Moderatorin: *Leider ist unsere Zeit um. Es war eine sehr anregende und interessante Diskussion! Vielen Dank an unsere beiden Gäste! An dieser Stelle möchte ich noch auf unsere nächste Sendung aufmerksam machen, in der wir uns mit dem Thema "Was ist Glück?" beschäftigen werden …*

5 1. Nein; 2. Nein; 3. Ja; 4. Nein; 5. Ja; 6. Nein; 7. Nein

6 1. 100 Millionen Menschen; 2. Deutschland, Österreich, Schweiz, Liechtenstein, Luxemburg, Belgien, Südtirol 3. Er übersetzte als erster die Bibel und andere Bücher vom Lateinischen ins Deutsche; 4. Englisch

Lösungen Grammatik auf einen Blick

Lektion 21

n-Deklination
Männliche Nomen auf -e enden im Genitiv auf **-en**.

Das Fragewort *wessen*?
Das Fragewort **wessen** benutzt man, um zu fragen **wem** etwas gehört.

Nebensätze mit *um … zu* und *damit*
Wenn das Subjekt im Haupt- und Nebensatz gleich ist, benutzt man **damit**. Wenn das Subjekt im Haupt- und Nebensatz verschieden ist, benutzt man **um … zu**.

Lektion 22

Direkte und indirekte Fragen
Bei direkten Fragen ohne Fragewort benutzt man in der indirekten Frage das Wort **ob**.

Sätze mit *obwohl* und *trotzdem*
obwohl + **Neben**satz
trotzdem + **Haupt**satz

Lektion 23

Nebensatz mit *als* und *wenn*
Als verwendest du bei Ereignissen, die nur **einmal** passiert sind. *Wenn* verwendest du bei wiederholten Handlungen. Du kannst das Adverb **immer** verwenden, um die Wiederholung zu betonen.

Plusquamperfekt
Die Handlung im Nebensatz mit *nachdem* liegt zeitlich **vor** der Handlung des Hauptsatzes.

Wenn im Nebensatz das Plusquamperfekt verwendet wird, verwendest du im Hauptsatz das **Präteritum**. Wenn im Nebensatz das Perfekt verwendet wird, verwendest du im Hauptsatz das **Präsens**.

Die Handlung im Nebensatz mit *bevor* liegt **nach** der Handlung des Hauptsatzes.

Lektion 24

Das Verb *werden* (3)
Beim Verb ändert sich bei den Formen **wirst** und **wird** der Vokal.

Futur I
Wenn du etwas in der Zukunft erzählst, verwendest du das Verb **werden** und den **Infinitiv**.

Im Nebensatz steht *werden* in der konjugierten Form am **Ende** des Satzes.

Passiv-Aktiv (1)
Das Passiv bildet man mit dem Verb **werden** und mit dem **Partizip** des Verbs.

Sätze mit *statt … zu* und *stattdessen*
Statt … zu wird mit dem **Dativ** verwendet. Bei trennbaren Verben steht *zu* zwischen dem Präfix und dem Verb.

Lektion 25

Das Fragewort *welche* und die Frage *Was für ein / eine …*
Das Fragewort *welche* hat dieselben Endungen wie der **bestimmte** Artikel. In der Antwort auf eine Frage mit *welche* benutzt man den bestimmten Artikel.

Lektion 26

Der Konjunktiv II
Bildung: werd- / könn- / soll- / müss- / dürf- / woll- + **te** (ich), **test** (du), **te** (er / es / sie), **ten** (wir), **tet** (ihr), **ten** (sie / Sie)

Konditionalsätze
Der Bedingungssatz wird mit *wenn* eingeleitet. Das konjugierte Verb steht im Bedingungssatz am **Satzende**. Zwischen Hauptsatz und Nebensatz steht immer ein Komma.

Bedingungssätze in der Vergangenheit
Die Vergangenheitsform wird mit den Hilfsverben **sein** und **haben** im Konjunktiv II und dem **Partizip** gebildet.

Verben mit Präpositionen (1)
Nach vielen Verben steht eine bestimmte Präposition. Die Nomen nach der Präposition stehen entweder im **Akkusativ** oder im **Dativ**.

Fragen mit Verben und Präpositionen (1)
Bei Fragen nach Personen steht die Präposition **vor** dem Fragewort. Bei Fragen nach Dingen wird die Präposition mit *wo* verbunden (*wofür?, womit?, wovon?*).

Bei Antworten auf die Frage nach Dingen verbindest du die Präposition mit **da**.

Lektion 27

Verben mit Präpositionen (2)
Nach vielen Verben steht eine bestimmte Präposition. Die Nomen nach der Präposition stehen entweder im **Akkusativ** oder im **Dativ**.

Fragen mit Verben und Präpositionen (2)
Bei Fragen nach Personen steht die Präposition **vor** dem Fragewort. Bei Fragen nach Dingen wird die Präposition mit *wo* verbunden (*wofür?, womit?, wovon?*).

Bei Antworten auf die Frage nach Dingen verbindest du die Präposition mit **da**.

sich-Verben
Das Reflexivpronomen in der **dritten** Person Singular und Plural heißt **sich**.

Wenn sich eine Handlung oder ein Gefühl auf das Subjekt bezieht, steht das Reflexivpronomen im **Akkusativ**. Bei *sich*-Verben, die schon ein Akkusativobjekt haben, steht das Reflexivpronomen im **Dativ**.

Verben mit Wechselpräpositionen
Liegen, stehen, sitzen, hängen benutzt du, wenn du einen Zustand ausdrücken möchtest. Nach der Präposition steht der **Dativ**. *Legen, stellen, setzen, hängen* benutzt du, wenn du eine Aktivität ausdrücken möchtest. Nach der Präposition steht der **Akkusativ**.

Lektion 28

Das Passiv (2)
Für das Präteritum im Passiv verwendest du die Form **wurde** und das **Präteritum** des Verbs. Für das Perfekt im Passiv benutzt du immer das Hilfsverb **sein**. Nach dem Partizip des Verbs steht immer **worden**.

Relativsätze (4)
Nach dem Demonstrativpronomen *das*, nach *alles* und nach Nomen wie *das Beste* oder *das Schönste* kommt ein Relativsatz mit **was**.

Nach dem Relativpronomen *wer* steht ein **Relativsatz**. Am Anfang des Hauptsatzes steht oft ein Demonstrativpronomen wie *der* oder *den*. Dieses Pronomen kann weggelassen werden, wenn die Subjekte im Relativsatz und Hauptsatz gleich sind.